Michael Oppitz
Schamanen im Blinden Land
Film-Buch

Michael Oppitz
Schamanen im Blinden Land

Ein Bilderbuch aus dem Himalaya

Syndikat

CIP-Kurztitelaufnahme der Deutschen Bibliothek

Oppitz, Michael: Schamanen im Blinden Land
Ein Bilderbuch aus dem Himalaya.
Syndikat. Frankfurt am Main, 1981.
ISBN 3-8108-0185-2

© Syndikat Autoren- und Verlagsgesellschaft, Frankfurt am Main 1981
Alle Rechte vorbehalten
Motiv: *Titelumschlag* – Die Schamanen Beth und Man Bahadur besingen die Göttertochter Somarani bei ihrer Niederkunft ins Blinde Land. *Rückenumschlag* – Der Stumme Hund, Gehülfe der Schamanen, streut zur Vertreibung böser Geister Asche in die Luft.
Umschlaggestaltung nach Entwürfen von Rambow, Lienemeyer und van de Sand.
Ästhetische Gesamtgestaltung: der Verfasser
Redaktion: Eva Maek-Gérard
Produktion: Klaus Langhoff, Friedrichsdorf
Reproduktion: Hans Kirchhoff, Hanau/M.
Gesamtherstellung: Georg Wagner KG, Nördlingen
Printed in Germany
ISBN 3-8108-0185-2

für
Patricia Nolan

»Rien n'est si beau que la vérité.
Mais il faut la choisir.«
Wahlspruch der Société Héliographique in Paris

»Denn ein Weg zur Wirklichkeit geht über *Bilder*. Ich glaube nicht, daß es einen besseren Weg gibt. Man hält sich an das, was sich nicht verändert und schöpft damit das immer Veränderliche aus. Bilder sind Netze, was auf ihnen erscheint, ist der haltbare Fang.«
Elias Canetti

Inhaltsangabe

Vorspann
    Die vier Zeitalter und der Erste Schamane 8

Hauptteil I
    Einnachtséance mit Bal Bahadur 24
    Einnachtséance mit Man Bahadur 40
    Jagdexpedition ins Gebirge 50
    Vertreibung des Jagdgeists 58
    Transhumanz der Schafe 72
    Transhumanz ins Jenseits 76
    Séance für einen todgeweihten Leberkranken 96
    Begräbnis 110
    Schamane und westliche Medizin 114

Hauptteil II
    Vorinitiation: Versiegelung der Hilfsgeister 116
    Herstellung der neuen Schamanentrommel 124
    Rückruf einer Kinderseele 134
    Fischen im Fluß 138
    Bann des Geists der Weißen Kreide 140
    Bann des Kindgeists Ra 150
    Maismahlzeit 174
    Bestellung der Felder 176
    Ernte 178
    Arbeitsteam beim Holzholen 186
    Herstellung und Übergabe der Schamanenkette 190
    Nächtliche Geburt einer Frau als Schamanin 198
    Die Große Initiation: Geburt auf dem Lebensbaum 202

Epilog
    Prognostisches Zwiegespräch mit einem Raben 250

Zum Buch
    An den Leser 253
    Exempel aus der Bildgeschichte des Schamanismus 267

Anhang
    Bibliographie 281
    Filmographie 284
    Bildnachweis 285

Über der Menschen weitverbreitete Stämme herrschte vor Zeiten ein eisernes Schicksal mit stummer Gewalt. Die besseren Zeitalter waren verloschen, das gegenwärtige, finstere hatte begonnen.

Im ersten, goldenen Zeitalter waren die Früchte der Erde ihren Bewohnern ohne ihr Mühen zugefallen, man hatte nicht seine tägliche Mahlzeit mit schwerer Arbeit verdienen müssen. Krankheiten und das Nachlassen der Sinne im Alter waren unbekannt gewesen. Es hatte keine Arglist, keinen Hader, keinen Stolz, keinen Betrug und keinen Kummer gegeben, keinen Haß, keine Eifersucht, keinen Neid.

Im zweiten Zeitalter waren die Opfer, die heiligen Künste und mannigfaltige Riten entstanden.

Die Menschen dieses Zeitalters hatten sich große Aufgaben mit strengen Regeln gesetzt, darauf bedacht, alle Erfolge an den Maßstäben der Religion zu messen.

Im dritten Zeitalter dann hatte das Wissen sich in viele Bereiche verzweigt, Lehrmeinungen mit widersprüchlichen Auslegungen fördernd.

Die Leidenschaften waren entfacht, und man hatte gelernt, sich mit Geschenken die Geneigtheit des Nächsten zu verschaffen. Unheil, Seuchen und Sehnsüchte hatten sich allmählich ausgebreitet.

Eine Epoche allgemeiner Einschränkungen hatte begonnen.

Über dem vierten Zeitalter schließlich standen die finsteren Zeichen eines jähen Verfalls. Die Herrscher waren von ungehobeltem Geist und hinter ihrer Stirn lauerte die Gewalt. Die Bevölkerung, aus Furcht vor der unberechenbaren Habgier der Herren, duckte sich in die Knechtschaft oder floh in abgelegene Täler, nur mit Rinden bekleidet, den Elementen ausgesetzt und froh, wenn sie mit wildem Honig, mit Gräsern oder Blättern ihr Dasein zu fristen vermochte.

Güter verschafften nun Rang, Reichtum Verehrung, schöne Kleider Würde, und Lüsternheit knüpfte das einzige Band der Geschlechter.

Drohung und Mutmaßung ersetzten das Wissen, Argwohn und List hockten in den Gesichtern.

Eine Stimmung der Bosheit umwölkte das Land.

In diesem eisernen Zeitalter wurden die Menschen nicht alt. Unerkannte Krankheiten bemächtigten sich der geschundenen Körper und rafften binnen kurzem ganze Völkerschaften dahin. So wurde die Furcht vor der Unterdrückung noch überschattet von der Gefahr eines vorzeitigen Tods.

In jener Zeit trat ein Mann aus dem Norden auf, ein Selbstgeborener. Sein Name war Rama Puran Tsan. Er bestieg einen Baum und beobachtete von dort aus das Treiben der Welt. Da sah er, wie viele der irdischen Krankheiten von Geistern, Göttern und Hexen verursacht wurden, dadurch, daß sie ihren Opfern die Seelen raubten. Zugleich erkannte er, von seinem erhöhten Standort aus, wonach es die Übernatürlichen in Wahrheit gelüstete: Sie wollten Blut.

Und er bot sich ihnen als Mittler an, gegen blutige Opfer die Seelen seiner künftigen Kunden zu tauschen. Seiner Einsicht in die Ursachen des Unheils fügte er Kenntnisse hinzu in den geheimen Praktiken der Zauberkunst, in der heilenden Wirkung himalayischer Kräuter und in den wechselnden Schlägen von Puls und Gemüt.
Rama Puran Tsan wurde der Erste Schamane.

Sein baldiger Ruhm brachte ihn aus seiner nördlichen Heimat bis an den königlichen Hof eines Herrschers, dessen Sohn erkrankt darniederlag. Ihn zu heilen, war dem Schamanen ein Leichtes.

Doch hatte er Widersacher am Hofe, einen Schwarzmagier und einen Sterndeuter, die in ihm einen gefährlichen Konkurrenten ahnten. Sie redeten dem König ein, der Fremde habe den Sohn nur zum Scheine geheilt, in Wahrheit sei er verzaubert.

Der leichtgläubige Herrscher schenkte diesen verleumderischen Stimmen Gehör und statt einer reichlichen Belohnung widerfuhr Rama Puran Tsan eine schmachvolle Behandlung: Er wurde vom Felsen gestürzt und in einen Fluß geworfen. Nur mit Mühe entkam er dem Tode.

Da verfluchte er dieses Blinde Land, das seine Künste verkannt und ihn gedemütigt hatte.

Aus Ärger stieg er, getarnt als Schmied, in die Unterwelt hinab, wo er 12 Jahre unerkannt dem niederen Handwerk nachging.
In dieser Zeit verstummte sein Lied.
Mittlerweile jedoch waren dem König Zweifel gekommen an der Angemessenheit seiner Härte, und da sein Sohn unverändert an seinen Gebrechen litt, ließ er erneut nach dem Schamanen schicken.
Die Abgesandten sprachen bei den beiden Frauen des Gesuchten vor, denn über sie führte die einzige Spur. In der Tat kannten sie des Verschwundenen Unterschlupf, den sie indes geraume Zeit nicht verrieten. Erst Gold und Silber öffneten ihnen den Mund und sie gaben, in ein Rätsel verschlüsselt, am Ende das Versteck ihres Mannes preis.
Der Schamane seinerseits verstellte sich vor den königlichen Boten und schickte sie mehrmals in alle Winkel der Erde in die Irre.
Von Ogern, Kobolden und Ungeheuern zu Tode erschreckt, kehrten sie jedesmal unverrichteter Dinge zur Schmiede zurück.

Da ward ihm Genugtuung zuteil, und Rama folgte den Boten über die neun Stufen zur Oberwelt an den Hof.

Und abermals heilte er den kränkelnden Prinzen, dem er, vor seinem schmählichen Abgang, 12 Jahre zuvor, vorsorglich einen Trommelstock in den Nacken, ein Blatt ins Herz und einen Holzpflock in die Leber eingeführt hatte, damit niemand sonst die Heilung vollziehen könne.

Mit dem König nun wurde Versöhnung gefeiert und in vertraulicher Runde stellte man fest, daß Herrscher und Heiler über ihre Frauen miteinander verschwägert seien. Und noch eine zweite Verwandtschaft kam dabei ans Licht. Da der König darauf bestanden hatte, vom Schamanen zu erfahren, wer die Krankheit seines Sohnes verursacht haben mochte, hatte dieser schließlich die neun Hexenschwestern genannt, Nichten des Schwarzmagiers und Schwiegertöchter des Sehers, jener beiden, die ihn zuvor um seine verdiente Anerkennung gebracht hatten.

Da er ihren Namen preisgegeben, wurde der Erste Schamane von den neun Hexenschwestern heimgesucht. Doch selbst die listigsten Nachstellungen vermochten nichts gegen ihn, war er doch durch seine Rüstung gewappnet.

Bei den abwechselnden Fehden lernten stattdessen die Widersacher einander schätzen und das Gleichgewicht zwischen den Gegnern wurde am Ende mit einem blutigen Pakte bestätigt. Fortan würden die Hexen den Menschen Krankheiten bringen, die er, der Schamane, dann gegen Geld oder Korn in erschwinglicher Menge wieder heilen könne. Dafür würde den Hexen durch ihn jedesmal ein Blutopfer zuteil, das den Handel sichtbar besiegeln solle.

Und dabei blieb es bis auf den heutigen Tag.

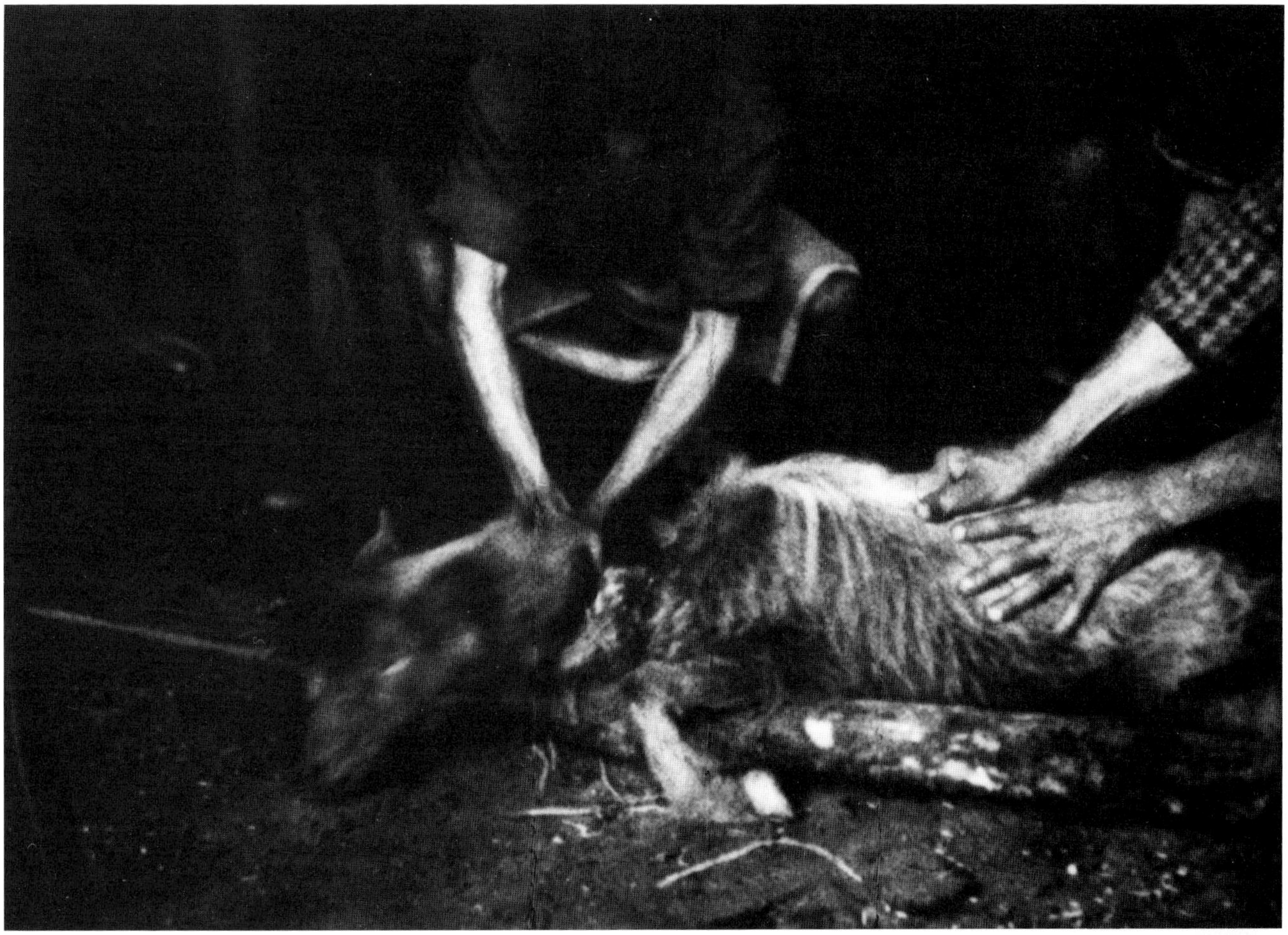

21

In den von ihnen bewohnten Tälern des westlichen Zentral-Himalaya tauschen auch heute noch die Heiler der Nördlichen Magar mit den übernatürlichen Kräften menschliche Seelen aus.

Noch immer sind sie die Mittler zwischen den Welten.

Und in diesem Zwischenbereich bringen sie eine Ordnung wieder ins Gleichgewicht, die durch eine unwissentliche Verletzung der reizbaren Geister von den unbedachten Bewohnern der Erde gestört worden war.

Sinnfällig stehen sie, die auf dem Baume des Lebens Geborenen, im Grenzland beider Bereiche, von wo aus sie ihren übermenschlichen Akt der Balance vollziehen.

Die Rechtfertigung ihres Berufs beziehen sie aus den epischen Gesängen vom Ersten Schamanen. Seine Taten, wieder und wieder erzählt, als seien sie erst gestern geschehen, sind Richtschnur ihres eigenen Handelns. Und die Riten, festgeschrieben im mythischen Stoff, werden von Generation zu Generation weitergereicht, in einer langen Kette von Wiedergeburten.

Wer einmal geboren ist auf dem Baume des Lebens, hat ein Anrecht auf das geheime Wissen dieser Nachfolge und eine Verpflichtung, sie lebenslang anzutreten und weiterzuvermitteln.

Durch die Taten der heutigen Schamanen blickt man zurück in die Vorzeit des mythischen Ersten.

Meister Bal Bahadur ist in ein Nachbarhaus gerufen worden. Er hat diagnostiziert, daß seine Patientin der heutigen Nacht eine Quelle verunreinigt und damit den Herrn des Sumpflands zur Entführung ihrer Seele bewogen hat. Mit Geschenken und Tricks gilt es, die Seele zurückzugewinnen.
Zunächst aber begrüßt er die neun Hexenschwestern mit einem ihnen eigens zugedachten Gesang. Denn als Krankheitsverursacher stecken sie mit den anderen übernatürlichen Kräften oftmals unter einer Decke, und der Meister sucht daher auch sie mit der Verheißung von Gaben auf eine Heilung einzustimmen:

Der Nachfahr des Ersten Schamanen/
Rama Puran Tsan/
Wird Euch heute schwarze Blusen/
Schwarze Röcke opfern/
Ihr 9 Schwestern, Ihr 9 Hexen/
Habt den Patienten krank gemacht/
Gehn wir miteinander/
Freundliche Verbindungen ein/

Der Patientin, die unter Verdauungsstörungen leidet, hängen die Angehörigen ein neues rotes Tuch um, um sie für die entführte Seele attraktiv zu machen und diese zur Rückkehr zu motivieren.

Die Kranke hat bereits auf einem mit Gerste, Weizen und Mais ausgelegten Kornteller Platz genommen, auf dem sie später aus der Unterwelt angehoben werden soll. Dorthin gilt unumgänglich als abgestürzt, wer seiner Seele verlustig gegangen ist.
Der Kornteller steht neben dem kränkelnden Lebensbaum der Patientin, der seinerseits an den Zentralpfosten des Hauses, die Achse der Welt, angebunden ist.

Beim Tanz der neun Hexen um den mittleren Hauspfahl verkörpern neun Tänzer mit Instrumenten des Hausrats die Hexen. In jeder der neun Tanzrunden wird eines der Instrumente abgelegt, womit zugleich eine der Hexen verschwindet, bis schließlich Hauspfahl und Patientin von allen befreit sind.

Die für die Hexen am Hauspfahl niedergelegten Hausratsgegenstände: Axt, Mörser, Webstock, Spaten, Röstbesen, Pflugschar, Sichel, Spreuteller und Holzflasche repräsentieren gemeinsam das Universum der menschlichen Kultur, aus der die Hexenschwestern durch ihr böses Tun sich selber ausgeschlossen haben. Mit der Ablage der Gegenstände – die, wenn nicht zuhanden, auch durch andere Dinge ersetzt werden können wie Meißel, Dolch, Wacholderstrauß, Pfeil und Bogen oder Schwein und Frosch, – lädt der Schamane die Hexen ein, in den Kreis der menschlichen Kultur zurückzukehren, sich zu redomestizieren und so von ihren hexerischen Umtrieben abzulassen.

Bal Bahadur zählt nach, wieviele Instrumente noch fehlen.

9 Abgaben für die 9 Gefahren/
Gebt dem kranken Kinde/
Die gestohlene Seele wieder/
Gebt sie zurück/
Aus der Unterwelt/

Vor dem Anheben der Patientin aus der Unterwelt gibt man ihr vom Besten: ein Hühnerherz zu essen und *raksi*-Schnaps zu trinken. Dies soll die entfleuchte Seele abermals anziehen.
Das beim Hexentanz vorgehaltene Schwein flößt den Übernatürlichen gewaltigen Schrecken ein, zunächst wegen seines eigenen, markdurchdringenden Angstgeschreis. Sodann aber gemahnt es sie an das Wildschwein der mythischen Zeit, das die Waise Barcameni auf ihrer Winterreise zu den indischen Märkten über alle Furten und Flüsse sicher hinweggetragen und das schließlich die Unterdrücker des Mädchens, die sieben Hexenbrüder, mit seinen Hauern in die Luft geschleudert und dergestalt vernichtet hatte.
Dieses Wildschwein ist ein Hilfsgeist der Schamanen.

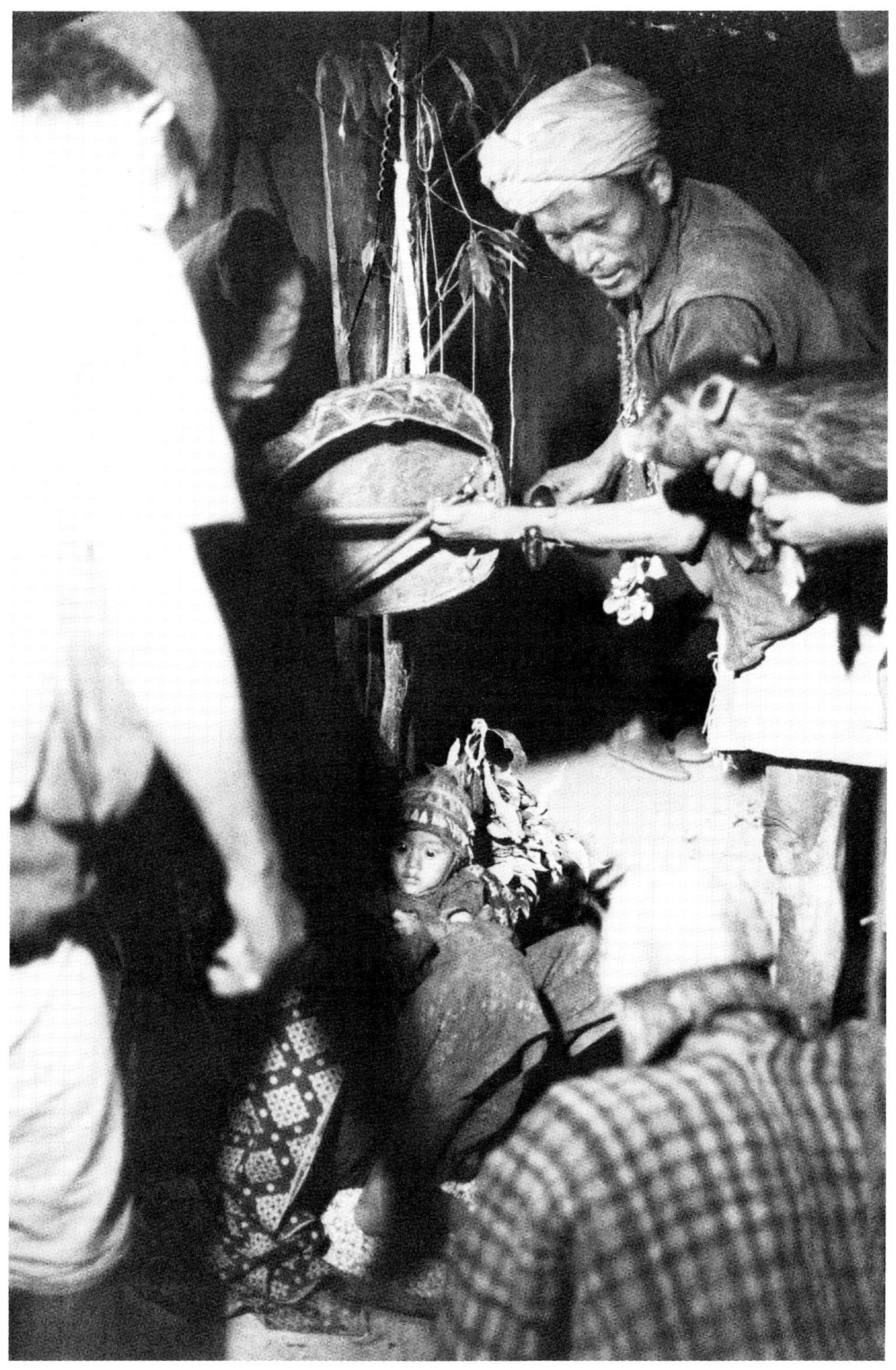

Mit der Einkehr des Hilfsgeistes beginnt Parjit sich heftig zu schütteln. In fiktivem Tibetisch redet er mit seinem Meister.
Um sich selbst als Wildschwein auszuweisen, führt der in Parjit eingegangene Geist sich wie ein solches auf. Er reibt sich am Feuereisen den Wanst und grunzt.

Als Medium des Hilfsgeistes ist der Körper des Schamanen unempfindlich gegen die Hitze des Feuereisens und die Glut des Feuers.

Das Anheben aus der Unterwelt wird im Verlaufe der Nacht wiederholt, um die Erfolgschancen zu steigern, – diesmal auf dem Rücken des Wildschweins, das als Hilfsgeist in den jungen Schamanen Parjit eingekehrt ist.

Beim Akt des Anhebens auf dem Wildschweinrücken, dem sich neben der Kranken alle Familienmitglieder unterziehen, verordnet der Schamane deren Ausrichtung nach Norden, die Richtung der Gesundheit und Heimat des Ersten Heilers.

Neben dem Geschehen zittert unwillkürlich ein Junge mit, – erstes Zeichen einer künftigen Berufung.

Schamane spielen ist ein beliebter Zeitvertreib unter den Kindern, insbesondere im Monat Mai, wenn die gerade vollzogene Initiation der Großen noch frisch im Gedächtnis ist.
Jeder Baum, den die spielenden Jungen erklettern, verwandelt sich unversehens in einen Lebensbaum, jeder Teller, der herumliegt, jedes Spreusieb, in eine Schamanentrommel. Und manchmal, wenn schon der heraufziehende Abend über dem Dorfe liegt und mit unsichtbarer Hand ein letztes Aufbäumen von Energie aus den Kindern holt, springt mit einem Mal ein ganzes Rudel johlender ›Schamanen‹ durch die frisch gepflügten Äcker, mit schweren Kuhglocken behangen, welche die Schamanenschellen ersetzen, mit Bambusblättern um den Kopf gebunden, welche die Federkronen vertreten und mit einer leeren Flasche für Augentropfen in der Hand, welche die tanzende Kalebasse der Hilfsgeister verkörpert. Alle wichtigen Rollen einer echten Initiation sind besetzt: der Gurdenträger, der Stumme Hund, der Oberschamane und die Gemeinschaft der tanzenden Heiler. Diese Vorführung einer Vorführung hält an, bis einer der Bande plötzlich aus seiner Rolle springt, und sich, die Übrigen im Gefolge, zu Boden fallen läßt und – wieder Kind – sich wohlgefällig in einer Ackerfurche sielt.

Während Parjit für die Erkrankte auf rituelle Reise geht, um die Seele am Verlassen der hiesigen Welt zu hindern, wirft der Meister im Scherz nach dem Opferschwein, mit Maiskörnern, die eigentlich für den Ritus bestimmt sind. Profane und sakrale Handlungen werden nicht eigens abgegrenzten Orten und Zeiten zugedacht, sie gehen ständig ineinander über.

Der vom Meister als Flugzeug angesprochene Nachtfalter ist die materialisierte Seele der Kranken. Die Falterseele wird der Patientin einverleibt und mit Schnaps oder Wasser heruntergespült. Bal Bahadur trommelt sie mit einem besonderen Rhythmus fest.

Für die Hexen werden nun die versprochenen Opfergaben vorbereitet, drei Bündel mit Gaben: Eine Mischung aus Mehl und frischem Schweineblut, von dem inzwischen geschlachteten Hausschwein, sowie Halsketten, Armreife, Stoffe und der kränkelnde Lebensbaum der Patientin.
Der Schamane entsendet seine Gehülfen mit den Hexenopfern und dem Lebensbaum der Patientin in Richtung Süden, der Heimat der Krankheit, der Hexen und der Unterwelt.
Der Handel ist beschlossen. Die Sitzung geht zuende.

Wir haben Euch alles gegeben/
Was nötig ist, 9 Schwestern/

Zur selben Stunde in einer anderen Nacht gehen die rituellen Handlungen und die Gesänge weiter. Insgesamt 36 Stunden fordern die übernatürlichen Seelenräuber den Schamanen ab.

Die 9 Götter sind nicht glücklich/
Die 9 Ahnen sind es auch nicht/

Der Hauspfahl ist nicht glücklich/
Die Hexen haben den Klienten attackiert/

Seine Seele ward gestohlen/
An der Kreuzung eines Wegs/

Die Seele kam abhanden/
An den 9 verschiednen Orten/

Aus dem Paradiese Indralok/
Kam Göttertochter Somarani/

Sie kam mit ihrer Mitgift/
Vom Vater Mahādeo/

Somarani stieg 9 goldne Stufen nieder/
mit silbernem Gefäß/

Sie kam in diese Welt/
Ins Blinde Land hinab/

Durch den Fluß des Kāli Ganga/
Ihr blieb keine andere Wahl/

Auf des Blinden Landes Dinge/
Verstand sich Somarani nicht/

Die Frau eines Kollegen ist erkrankt und zwei Heiler, mit ihr, wie die Vorschrift es fordert, nicht verwandt, tragen ihr gerade die Lebensgeschichte der Göttertochter Somarani vor.

Diese war im Blinden Land mit einem Irdischen verheiratet worden, hatte aber bald, wegen der dort immerwährenden Dunkelheit und der erniedrigenden Behandlung, die ihr im schwiegerelterlichen Haus zuteil geworden, Reißaus genommen und war in den himmlischen Palast der Eltern zurückgekehrt. Um sie wieder zum Abstieg auf die Erde zu bewegen, hatte der Vater ihr eine geheimnisvolle Mitgift zum Geschenk gemacht, zwei Kästchen aus Silber und Gold, die über dem Feuer am Hauspfahl gehangen.

Zum zweiten Mal am irdischen Grenzfluß angelangt, machte Somarani im Schatten eines Baumes Rast, neugierig auf den Inhalt der beiden Kästchen. Aus dem goldenen rollten beim Öffnen neun Sonnen heraus, aus dem silbernen neun Monde. Diese strahlten mit solcher Kraft aufs Blinde Land nieder, daß unversehens alle Pflanzen verdorrten und alles Land in Asche fiel.

Voller Entsetzen stürzten die Schwäger herbei und baten Somarani um Hilfe. Diese sandte Sonne um Sonne, Mond um Mond ihrem göttlichen Vater zurück, bis nur noch je ein Gestirn übrig war. Aus ihrem Wechsel entstanden Tag und Nacht.

Doch die Erde war wüst und entvölkert. Da erschuf der Gott einen neuen Menschen, indem er die Asche der abgebrannten Himalaya-Wälder mit dem Kot des Nackten Vogels mischte.

Der Tanz um die auf dem Nachbardach ausgebreitete Matte ist eine Dramatisierung der Suche nach der entfleuchten Seele der Patientin. Die Matte verkörpert die bewohnte Welt, an deren Rändern und Ecken der Schamane und sein Gehülfe, der Stumme Hund, gelegentlich nachsehen, ob die Seele noch im Diesseits weilt. Der Stumme Hund lärmt mit einer buffonischen Waffe, einem Stock, an den eine Kuhglocke gebunden ist, um den Seelenräuber, den Herrn des Sumpflands, zu erschrecken oder zum Lachen zu bringen.
Der Tanz um die Weltenmatte wird im Verlaufe des Morgens neunmal wiederholt. Zwischendurch ruft Beth Bahadur seinen Ahnengeist, der ihm beistehen soll, die Angriffe der Hexen abzuwehren.

Oh, Ahn und väterlicher Meister/
Der du an Clanes Stätte weilst/

Beschütz uns vor der Hexen Angriff/
Oh, Ahn und väterlicher Meister/

Mit dir, dem Ersten Hilfsgeist/
Geh ich auf die Suche/

Nach der ins Sumpfgebiet/
Entführten Seele/

Im Zentrum der Matte steht eine umgestülpte Kiepe, die mit Blättern vom Lebensbaum vor den Attacken der Hexen abgesichert ist. Unter der Kiepe sitzt ein schwarzes Huhn, der Nackte Vogel, ein weiterer Helfer des Schamanen.

Sein Schnabel ist aus einem Nagel der Trommel gemacht,
Seine Augen aus roten Waldbeeren,
Seine Federn aus Baumwolle,
Seine Eingeweide aus Wacholder,
Seine Knochen aus dem Trommelstock
Und seine Klauen aus den eisernen Ösen des Trommelrahmens.

Dieser Vogel vermag in visionärer Sicht den Aufenthaltsort der entfleuchten Seele auszumachen und sie an einer unsichtbaren Schnur zur Matte vor dem Haus zurückzuschleppen.
Um es auf diese Aufgabe einzustimmen, holt der Meister das Huhn, Vertreter des Nackten Vogels, unter der Kiepe hervor und paralysiert es durch Beatmung. Im Zustand der induzierten Paralyse, die kaum eine Minute lang anhält, liegt das Huhn auf einem bereitgehaltenen Teller neben der Kiepe und enthüllt im Traumgesicht das Versteck der entführten Seele und ihrer Räuber.
Von der Matte aus weisen der Schamane und sein Gehülfe der entfleuchten Seele den Weg zurück zur Klientin, die im Hausesinnern verweilt.

Die entfleuchte Seele ist nun ganz nahe, im Umkreis der Matte. Der Oberschamane beteiligt sich deshalb jetzt am Tanz, um sie einzufangen. Dies geschieht, indem er an der Kiepe niederstürzt und sich schlafend stellt. In diesem traumähnlichen Zustand kann er die Seele genau lokalisieren, gleich dem hilfreichen Huhn, Nackter Vogel, das er zuvor paralysiert hat.

Mit der Rückführung der Seele in materialisierter Gestalt, – vom Versteck zur Matte und von der Matte in den Körper der Kranken –, gelangen die rituellen Ereignisse einer großen Zweinachtséance an ihr Ende.
Die Laienzuschauer wenden sich wieder ihrer täglichen Arbeit zu, die Schamanen sinken übernächtigt an einer beliebigen Lagerstätte zu einem kurzen Schlafe nieder.

49

Wird eine Jagdexpedition ins Gebirge gestartet auf Rotwild, Fasane, Blauschaf, Moschus oder Wildschwein, in den frühen Monaten des Sommers, – so schließen sich mehrere Jäger, Schamanen und Laien, zu einem Verbund zusammen, um den Anforderungen der Treibjagd zu genügen.

*»Wir Laien sind aufs Jagen süchtig,
wie ihr aufs Schamanisieren.
Selbst alte Männer folgen ihrer Sucht.«*

Die Jagd hat bei den Nördlichen Magar, auch wenn sie von Schamanen und Laien unterschiedslos betrieben wird, rituellen Charakter. Sie wiederholt und vergegenwärtigt die Jagden der mythischen Zeit.

Biselme und ihr Nennbruder Pudaran wollten jagen gehen. Gemeinsam stellten sie Pfeil und Bogen her und die Jagdglocken für die Hunde, die sie für die Treibjagd zugerichtet hatten. Pudaran trieb das Wild mit den Hunden von den Höhen herunter zu einem Engpaß, wo Biselme mit gespanntem Bogen lauerte. In der Erregung verfehlte sie ihr Ziel. Ihr Pfeil traf stattdessen die Heuschrecke, die auf dem Rücken liegend verendete. Die Heuschrecke aber war der Herr des Feuers und der Großvater der unseligen Schützin. Schwere Schuld hatte Biselme ohne ihr Wissen auf sich geladen.

Am nächsten Tag gingen die beiden erneut auf die Jagd, wohlmerklich ihre Rollen vertauschend. Pudaran erlegte denn auch ein flüchtiges Wild, ehe die Sonne am Abend versank. Dem Tier schlug er Kopf und Beine ab und steckte Herz, Leber und Lungen auf einen Spieß, um den Jagdgeistern wohlgefällig zu sein.

Pudaran briet die Jagdbeute süß und weich und opferte fast seinen ganzen Anteil den Geistern. Biselme dagegen, vom Duft des Fleisches verlockt, verschlang gierig, was sie bekam.

Dem Heißhunger folgte der Durst. Pudaran aber hatte alle Quellen im Gebirge versiegen lassen. Der Nennschwester riet er, in einem Astloch nach abgestandenem Regenwasser zu suchen. In der neunten Baumhöhlung einer Weide fand sie am Ende, wonach sie verlangte. Das Wasser schmeckte bitter und stank, war es doch nichts anderes als die heimlich gelassene Notdurft ihres Begleiters.

Beim Abstieg vom Baum wurde sie endgültig entehrt, durch einen von Pudaran entfachten Wind, der ihr schamlos die Röcke hochtrieb.

Mit dem Rest des erlegten Wilds kehrten Pudaran und Biselme am folgenden Tage heim zum erblindeten Vater der Schützin. Ihm bot sie das Fleisch als ihre Beute dar. Doch der Vater ließ sich nicht täuschen.

»Dieses Fleisch riecht nicht nach deinem Pfeil, nach deinem Pfeil riecht der getötete Großvater, die Heuschrecke. Das Regenwasser, das du trankst, ist die Pisse von Pudaran. Du hast dich mehrmals vergangen. Ich verstoße dich aus dem Clan.«

Bei diesen Worten verließen Biselme die Sinne. Umnachtet vom Wahnsinn stürzte sie kopfüber in die Unterwelt ab.

Bevor die Jagdexpedition das eigentliche Territorium des Jagdgeistes betritt, werden Hunde und Menschen vom Schamanen mit dornigen Sträuchern abgestreift, um sie gegen mögliche Attacken der Übernatürlichen während der Treibjagd zu schützen. Denn der Jagdgeist ist im Wald allgegenwärtig und potentiell gefährlich.

Der Jagdgeist ist der Geist eines bei der Jagd tödlich verunglückten Jägers. Ihm bringen die erfolgreichen Schützen Herz, Lungen, Nieren und Leber des erlegten Wildes dar. Denn der Geist ist unberechenbar: Er kann am nächsten Tag erneut das Jagdglück bringen; er kann aber auch tödlichen Schaden anrichten.

Die Attacke eines Jagdgeists macht sich als schwarzer Fleck auf der Haut des Opfers bemerkbar, der später anschwillt und nur behandelt werden kann, wenn die Verletzung auf der linken Körperhälfte sich zeigt.

Manchmal attackiert der Jagdgeist seine Opfer im Wald auch mit vergifteten, magischen Pfeilen. Dann muß der Schamane durch Aussaugen die Vergiftung unschädlich machen.

Zunächst exorziert der Heiler mit einem Yakschweif oder einem Bündel Fasanenfedern die betroffene Körperfläche des Opfers. Sodann riecht er nach der genauen Stelle, an der das magische Geschoß in den Körper eingetreten ist. Schließlich saugt er mit seinem Trommelstock die magische Vergiftung aus dem Körper.

Nachdem der Schamane die magische Vergiftung seiner Patientin entsogen hat, reinigt er seinen Mund mit Wacholderblättern, denen in allen Riten große purifizierende Wirkung zugesprochen wird.

Für einige Tage nach der Behandlung muß die Frau Diäten einhalten. Sie darf zum Beispiel kein Fleisch zu sich nehmen, sonst kehrt die Erkrankung wieder.

Mit der Einnahme von Fleisch würde sie nämlich den Jagdgeist selbst nur begierig machen – auf Fleisch. Und was sie dann verzehrte, könnte er nicht bekommen. Folglich würde er sich schadlos halten an ihrem eigenen Fleisch, durch Vergrößern der Wunde, die er ihr zu Beginn mit seinem magischen Pfeil zugefügt hatte.

Die Gier nach Fleisch treibt die Geister bisweilen zum Äußersten: *Die neun Hexenschwestern hatten einen jüngeren Bruder, den stummen Parenja, den sie einst mit sich auf die Reise nahmen. Als sie zum Fluß des Jalua Ganga gelangten, knüpften die Schwestern eine Hängebrücke aus Hanf. Den Bruder wiesen sie an, sie auszuprobieren. Als er in der Mitte angelangt war, riß die Brücke entzwei und er ertrank. Die neun Schwestern nun fischten die Leiche des Bruders aus den Fluten und machten sich in kannibalischer Gier über sie her. Von den Schultern an abwärts verspeisten sie seinen ganzen Leib. Als der Erste Schamane von diesem Frevel vernahm, ward er zornig und drohte, alle Hexen auf der Stelle zu töten. Doch zu ihrer Verteidigung entgegneten die Hexen in trauriger Rede dies: »Heil, Onkel Rama! Unser geliebter Bruder konnte neben den Menschen nicht bestehen, er wäre zugrunde gegangen. So haben wir ihn aus Mitleid durch einen widernatürlichen Tod uns angeglichen und zu einem Geist gemacht, der sich nun von den Opfergaben des Schamanen ernähren kann. Er ist der Fiebergeist.«*

Ein Familienmitglied der Patientin väterlicherseits präpariert im Fortgang der Séance, früh am nächsten Morgen, einen Stecken, mit dem der Stumme Hund den Herrn des Sumpflands erschrekken oder zum Lachen bringen soll.
Als Schreckensinstrument ist der Stecken eine Waffe, eine Axt, – als eines der Posse, ein eregiertes Glied. Die Zweideutigkeit bleibt in jeder der Verwendungen erhalten.

Der Stumme Hund trainiert bereits für seine Rolle als Komiker des Öbszönen. Indem er sie mit Kopulationsgesten zum Lachen bringt, wird er das Versteck der Übernatürlichen ausmachen.

»Ein Pferdepimmel!«

Die Stumme Hündin, Gefährtin des Stummen Hunds, wird von einem Mann gespielt.

Die Bemalung des Stummen Hunds erfolgt mit der Spitze einer Pflugschar, deren Rundung der Gehülfe in gewässerte Kreide taucht.

Weiß ist die Farbe des Lichtes; und vor Licht scheuen die Wesen der Finsternis zurück. Deshalb schützt sich vor ihnen, wer sich mit Weiß bemalt.
Das Reisegepäck der Stummen Hunde ist schon geschnürt. In ihrem Bündel werden sie die Unreinheiten des Dorfes mit sich forttragen.

Die Lumpen, welche dem Stummen Hund als Kopfbedeckung dienen, werden mit Blättern des Lebensbaums umwickelt, als Schutz vor den Geistern.

Die Bemalungen der Trommeln lassen sich bisweilen als Gestirne deuten, auch wenn die Ausführenden beteuern, sie seien nicht figurative, sondern frei erfundene Ornamente.

Bei allen Variationen der Trommelbemalung tauchen zwei Elemente immer wieder auf: Kreis und kreisförmiges Zickzack. Es liegt nahe, die einfachen Kreise als Monde zu lesen und die Zickzackkreise als Sonnen, wie sie in Eisen in ganz ähnlicher Gestalt die Rüstungen der Heiler zieren.

Demgegenüber wird eine andere Symbolik ins Feld geführt: Die Bemalungen der Trommeln bedeuteten nichts anderes als ... Trommeln. Jedes der Elemente bezeichne ein benennbares Bestandteil einer Trommel: Rahmen, Haut, Griffe, Ösen und Scharniere, – die Trommel auf der Trommel.

Wenn die Akteure mit dem Verkleiden fertig sind, umtanzen sie mit dem Heiler die Weltenmatte, auf der Suche nach der vom Sumpfgeist geraubten Seele der Patientin.

Ein weiterer Gehülfe sprengt gereinigtes Wasser auf den Boden, um die Spuren schlechter Einflüsse zu verwischen.

Während der erste Gehülfe das Schlagen der Trommel übernommen hat, entlaubt der Schamane die Zweige des Lebensbaums, um die übelwollenden Geister fernzuhalten.

Wenn alle Krankheitssymptome der Patientin ausgetrieben und alle Unreinheiten des Dorfes an der Matte angesammelt sind, werden diese dem Stummen Hundepaar aufgeladen. In großer Eile laufen die beiden davon, die schlechten Einflüsse mit sich führend.

Ich werde die Blätter des Lebensbaums/
In alle 4 Winde streuen/
So reinige ich die Opfergaben/

Die Weltenmatte, Sinnbild des geographischen Lebensraums, wird aufgerollt. Sie wird nicht weiter benötigt.

Jedes Dorf und jedes Tal kennt eigene Varianten in der Aufführung typisierter Séancen und jeder Schamane folgt seinem persönlichen Stil, dessen Elemente er durch seine Lehrer übermittelt bekam. Jede Sitzung ist anders, auch wenn das Muster das gleiche bleibt.

Der Fluß ist das Ziel des auf die Wanderschaft gegangenen Hundepaars. Hier waschen sie alle Unreinheiten, deren Vehikel sie waren, von sich und kehren daraufhin, ihrer Rolle entbunden, demaskiert ins Dorf zurück.

Die große Wanderschaft von unmittelbar ökonomischer Bedeutung, die allen metaphysischen Wanderungen Modell steht, – der Zug der Schafs- und Ziegenherden in den wärmeren Süden –, beginnt alljährlich im Monat November. Sie dauert vier bis fünf Monate und reduziert die im Dorfe verbleibende Bevölkerung auf die Hälfte.

Die Herden sind von unterschiedlicher Größe. Die größten eines einzelnen Besitzers zählen bis zu tausend Tieren. Familien mit kleineren Herden schließen sich mitunter zu einem Reiseverbund von vier bis fünf Familien zusammen.

Alle, die auf die lange Reise gehen, versieht die Herrin des Hauses mit einem Abschiedszeichen auf der Stirn. Es besteht aus Reis und Milch, den Inbegriffen fester und flüssiger Nahrung guter Qualität. Wer unter ihrem Zeichen reist, wird sicherlich nicht verdursten oder verhungern.

Die Herdenschafe klassifizieren die Magar, je nach Funktion, als Leit- oder Lastentiere. Die Lasten- oder Trägertiere sind kastrierte Ziegenböcke oder Schafe, denen man wollene Säcke umschnürt, in denen sie Lasten bis zu sechs Kilo tragen.

Die Säcke enthalten, beim Aufbruch von Hause, Bohnen und Mais, teils als Proviant für die Reise, teils als Ware, die man auf den südlichen Märkten gegen Reis eintauscht, der in der höheren Lebensregion der Nördlichen Magar nicht wächst.

Leit- und Trägertiere spielen auch eine wichtige Rolle auf einer anderen Art von Reise, der *Transhumanz ins Jenseits*. Es ist die Reise der Verstorbenen, einige Monate nach ihrem Verscheiden, aus der Umgebung des Dorfes an den außerirdischen Ort.

Bevor Begleit- und Trägertier des Toten aus dem Dorfe getrieben werden, drängeln sich die Trauergäste mit erstklassiger Nahrung, wieder Reis und Milch, um deren Gunst. Je früher man das dem Toten zugedachte Schaf gefüttert hat, desto offenkundiger die ehemals enge Bindung an ihn. Das Defilee nimmt wettkampfähnliche Züge an.

Begleit- und Trägertier mit Farben, Blumengirlanden und Schellenketten zu schmücken, obliegt der Klasse der Schwiegersöhne des Toten, dem sie als dem Frauengeber verpflichtet sind.

Musikanten der Schneiderkaste geleiten die zur Überwinterung in den Süden aufbrechenden Familien an den Rand des Dorfes. Für ihren Dienst werden die Schneider entlohnt. Die ihnen eigentümliche Musik ist ein *son de passage,* denn stets macht sie Ereignisse eines Überganges publik, wie Geburt, Heirat, Tod und Abreise.

Am Gedächtnisbaum eines Ahnen findet die letzte Verabschiedung statt. Erst fünf Monate später wird man die kleine Ebene des Dorfes wiedersehen.

Die Abdrift der Begleittiere des Toten durchs Dorf vollzieht sich in großer Hast. Denn der Seele des Verstorbenen, die auf dem Begleittier reitet, soll keine Gelegenheit bleiben, im Umkreis des Dorfes abzuspringen und die Lebenden weiterhin als Totengeist zu belästigen.

Die verunreinigende Abdrift der Totenschafe auf eine Insel im Fluß besorgen die Schmiede, die ob ihrer niederen Kastenzugehörigkeit ohnehin als unrein gelten. Später sind sie die einzigen Nutznießer der von den Schwiegersöhnen geschlachteten Begleittiere.

Alle Totennahrung geht an diejenigen Schmiede, deren Kunde der Tote zu Lebzeiten war.

Zur gleichen Zeit spaltet sich die Trauergemeinde in zwei Gruppen auf, in die der Frauen und die der Männer. Die weibliche Trauergemeinde zieht vom Dorf aus hinab zum Fluß, wo zu Ehren des Toten ein Bankett abgehalten wird. Sich an diesem Mahl zu beteiligen, steht jeder Dörflerin offen, sofern sie ihre eigenen Speisen und Getränke in einer Kiepe mit sich bringt, darunter Brote, vorgekochten Reis, Fleisch, Süßigkeiten, Schnaps. Ob und in welcher Weise sie mit dem Toten verwandt gewesen sein mochte, ist unerheblich. Das Bankett der Frauen am Fluß verwandelt sich in einen uneingeschränkten Tausch von Nahrung, alle Gruppen und Klassen des Ortes beteiligend. Jede Frau steuert bei und ist damit ermächtigt, von jeder anderen etwas zu empfangen

Dagegen ist das gleichzeitige Totenmahl der Männer auf dem Nachbardach des Verstorbenen von strenger Etikette gezeichnet. Man setzt sich nicht nieder, wo es einem beliebt, wie die Frauen am Fluß: Die geladenen Männer, allesamt Verwandte des Toten, nehmen im Rechteck auf dem Dache Platz: eine Reihe von Gästen, zweimal im rechten Winkel gebrochen, an drei Seiten die Umrisse des Daches nachzeichnend. An der vierten Flanke agieren aus großen Töpfen die Speiseverteiler mit Fleischsuppe, Polenta, Curry und Bier, im Hause des Toten von den Frauennehmern zubereitet. Diese Verwandtengruppe stellt auch die Speiseverteiler. Eine der Seiten ist den Söhnen und Sohnessöhnen des Toten reserviert, alle aus dem eigenen Dorf, die übrigen Seiten den Brudersöhnen, deren Söhnen und der Klasse der Frauengeber, aus dem eigenen Ort oder aus anderen Orten.

Während also die Frauen beim Totenmahl die Gleichheit unter den Dörflern feiern, kehren die Männer bei dieser Gelegenheit die von den Heiratsregeln bestimmte Gesellschafts*ordnung* hervor.

Von den trauernden Frauen am Fluß werden dem Toten ein letztes Mal – auf Rinden und Blättern – Nahrungsmittel vorgesetzt, von allem etwas, darunter Reis, Honig, Milch, auf einer Mauer jenseits des trennenden Flusses. Sobald sich ein Insekt auf dieser Wegzehrung niedergelassen hat, gelten die Speisen als angenommen vom Toten und ein Schmied kommt gelaufen, um sie für sich abzuräumen.
Während des Gedächtnismahls der Frauen verklingen allmählich die Klagelieder der Töchter.

»*Vater, du läßt uns allein im Kummer
zurück.*«
»*Vater, du hast uns aufgezogen, wie
können wir's jetzt dir vergelten?*«
»*Vater, werden wir dich jemals wieder-
sehen?*«
»*Vater, dein Wanderweg ist lang.
Wie können wir dir behilflich sein?*«

Die täglichen Reiseetappen der Transhumanten sind seit Generationen festgelegt.

Sie sind sehr kurz, etwa drei bis vier Stunden Marsch jeden Morgen und dann Rast. Diese Aufteilung der Wanderwegstrecke in kleine Etappen ist wirtschaftlich begründet: Auf fremdem Land müssen die Durchziehenden Weidegeld zahlen, wenn sie länger als einen ganzen Tag an einem Orte verweilen.

Man richtet daher den Aufenthalt auf fremdem Weideland so ein, daß er gerade unter der abgabepflichtigen Dauer liegt. Dergestalt braucht eine Herde für eine Wanderstrecke von zwei Wochen Wegs volle zwei Monate Zeit.

Man ist ständig rastend unterwegs.

Mancherorts entrichten die Transhumanten, wenn sie die gebührenfreie Frist geringfügig überschreiten, ihr Weidegeld in bar: mit den am Ort angesammelten Schafskötteln, die als Dünger hoch begehrt sind. Diese werden vom Hirten auf einen großen Haufen zusammengescharrt und dann dem Feldbesitzer überlassen. Als Hirten fungieren entweder die Herdenbesitzer selbst, ihre eigenen Familienmitglieder oder gedungene Magar, die dieser Tätigkeit allein jahraus jahrein nachgehen. Man erkennt sie an ihrem biblischen Auftritt. Mit wasserundurchlässigen Decken aus Ziegenhaar im Umwurf tragen sie das Flair der Einsamkeit: versunkenen Blicks in die Ferne, karg in der Rede, gemächlich in den Bewegungen, wachsam nur auf jedwelche Regung der Herde, pfeifend und rufend mit ihr im Kontakt.

Am Nachmittag jenes Tages, da die ausgewählten Begleitschafe den Toten aus dem Dorfe geleitet haben, findet zu seinen Ehren auf einem der großen Dächer eine ausgelassene Party statt. Sie markiert das Ende der Trauerzeit.

Und nichts könnte besser die Rückkehr zu den gängigen Vergnügen des Alltags anzeigen, als der Krieg der Geschlechter, den man an diesem Tag ausgiebig spielt.

Alles ist erlaubt, jeder Griff, jede Anzüglichkeit, sofern die Jungen und Mädchen im Clinch nicht tabuierten Heiratsklassen angehören. Sexuelle Späße werden nur zwischen denen getrieben, die auch einander heiraten könnten.
Die sichersten Lacher bringt abgestandenes, stinkendes Bier, mit dem sich die Geschlechterkämpfer gegenseitig beschütten.

Beth Bahadur verteilt Brote unter den Gästen: Er ist mit dem Verstorbenen verwandtschaftlich liiert, ein Frauennehmer, und daher zu Gegenleistungen verpflichtet, die anläßlich der Totenfeierlichkeiten eingelöst werden. Einige der Schmiede hamstern an diesem Nachmittag Vorräte für mehrere Tage ein.

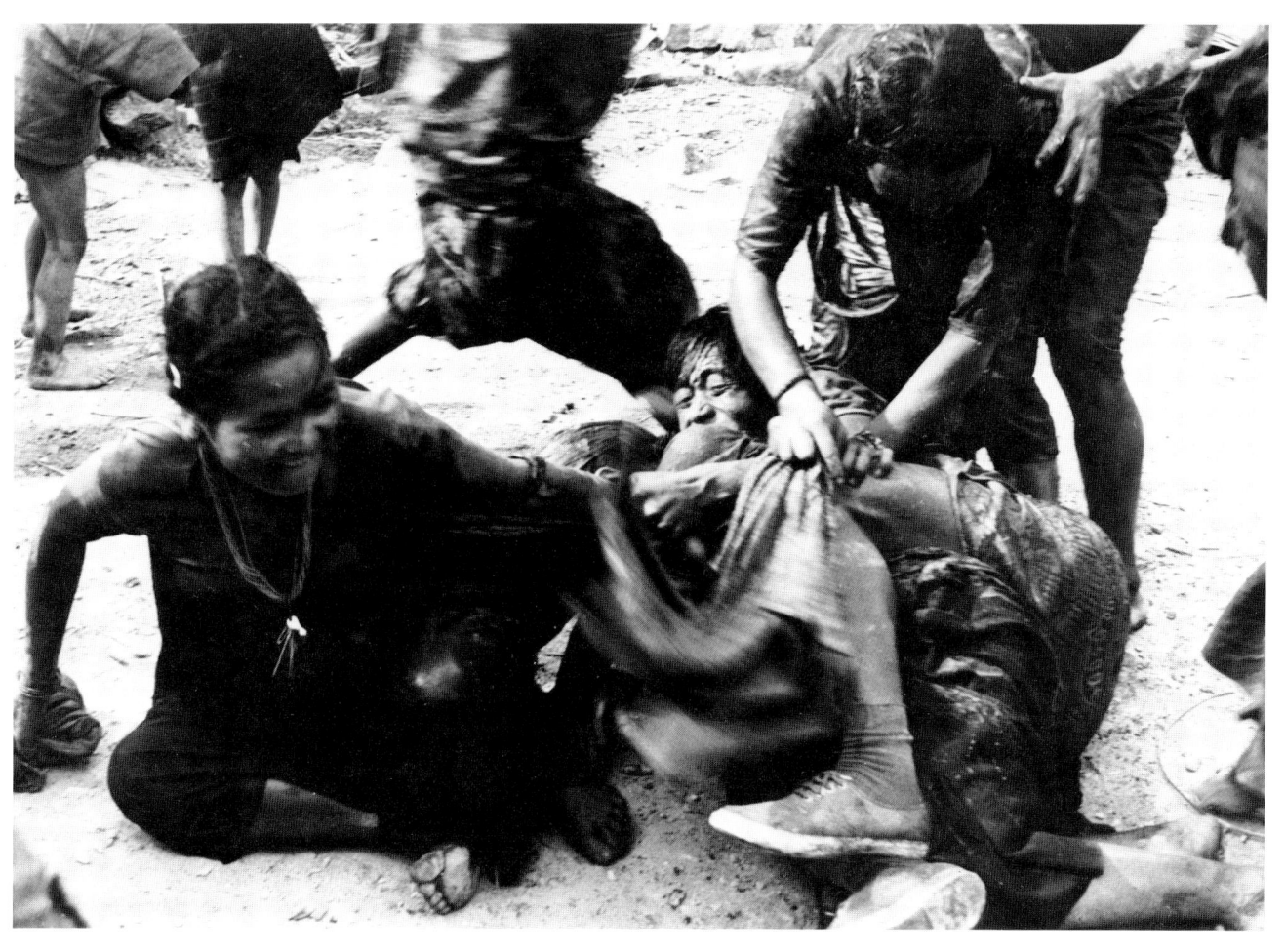

Und der Verstorbene, dessen Seele sich inzwischen über die Höhenrücken der Peripherie der irdischen Existenz nähert, blickt noch einmal zurück auf sein Dorf, erfreut über die gute Laune, die zu seinem Gedenken dort herrscht.

Bald ist er im exterritorialen Bereich, wie die Winter-Emigranten, deren Herden nach vielen Tagen unterwegs die Höhenzüge der Mahābhārat-Kette erreicht haben, welche die indische Ebene vom himalayischen Gebirge trennt.

Man Bahadur, wie fast alle anderen Schamanen auch, ist über den Winter im Dorf geblieben, um denjenigen beizustehen, die ihre Abgeschiedenheit im Gebirge nicht aufgegeben haben.

Sein Patient ist der leberkranke Goman Singh. Dieser war jahrelang mit einer unfruchtbaren Frau verheiratet gewesen, ehe er, nach deren Wechseljahren, eine Witwe als zweite Gattin zu sich ins Haus nahm.

Diese brachte bald eine Tochter zur Welt, starb aber, bevor das Kind das Laufen erlernte. Die Stiefmutter nun behandelte das kleine Kind stiefmütterlich, eifersüchtig darüber, daß es nicht ihres war. Der Mann litt unter den angespannten häuslichen Verhältnissen sosehr, daß er der Schwermut verfiel.

Eines Tages nahm er das Töchterchen auf den Arm und ging zum Fluß, um sich mit ihm gemeinsam zu ertränken. Durch Zufall stieß der Schamane Man Bahadur auf den Lebensmüden und bewog ihn umzukehren.

Seit dem Selbstmordversuch zeigte Goman Singh immer heftigere Symptome starker Leberschmerzen, bis er schließlich den Schamanen zu Hilfe rief. Die Séance war der letzte Versuch, sein Leben zu retten. Drei Monate später, im Januar 1979, erlag Goman Singh den Folgen einer Zirrhose.

Man Bahadur's Diagnose zufolge war Goman Singh von den Pfeilen eines Totengeistes infiziert worden, denen seiner zweiten Gattin, die zur Unzeit gestorben, noch ehe die Nachfolge der Linie in der folgenden Generation gesichert war.
Die entfleuchte Seele des Patienten Goman Singh wurde im Verlauf der Sitzung bezeichnenderweise an der Grabstätte der Gattin ausgegraben.
Die beiden hatten zueinander gewollt.

Man Bahadur ruft seinen Ahnen:

Durch dunkle Nacht wandeln die Hexen/
Als die Totengeister erwachten/
Ward mein Patient attackiert/
Ich treibe aus in diesem Haus/
Denn mein Klient ist noch voller Gefahr/
In diesem Haus hat mein Klient/
Viele Freunde und viele Feinde/
Zerstört die Feinde, beschützt die Freunde/
Beschützt sie gegen die Totengeister/

Nachdem Man Bahadur seinen Ahnen herbeigerufen hat, verwandelt er sich in den Lamageist, der nach bewiesener Unempfindlichkeit gegen Feuer sich brennender Holzscheite bedient, um die Infizierung auszutreiben.
Der Wurf des Holzscheits deutet die Zukunftsaussichten an. Zeigt die Glut vom Patienten weg, so zieht die Verhexung ab.
Da der Wurf ein schlechtes Omen angekündigt hat, ist der Lamageist in Zorn geraten. Die Austreibung und der anschließende Wurf müssen erneuert werden. Wieder ist der Erfolg nicht der gewünschte.

Die Opfergaben an den Totengeist, die auf einem Blatteller zugerichtet werden, sind Brot, Weihrauch, Stoffstreifen, Gelbwurz und Kükenblut. Der Gelbwurz wird in einem hölzernen Zylinder aufbewahrt.

Die beherrschende Figur des Blattellers ist eine menschliche Gestalt, aus Ton oder Teig von einem Gehülfen geknetet. Sie reitet ein kleines Modellpferd aus der gleichen Materie. Die Figur verkörpert den *Geist der Toten,* die den Kranken plagt und das Pferd die *Geschwindigkeit,* mit der dieser Geist bald aus dem Dorfe vertrieben werden soll.

Am Anfang der Zeit lebte ein lernbegieriger Mann in Taka, aus der niederen Kaste der Schneider, der allen Dingen auf den Grund kommen wollte. Da er nichts wußte über den Lauf der Gestirne, machte er sich eines Tages gen Westen auf, dem Untergang der Sonne und dem Aufgang des Mondes entgegen. Viele Jahre reiste er westwärts, bis er zu einem überhängenden Felsen am Rande der Erde gelangte. Hier ließ er sich nieder und verfolgte den Aufgang des Mondes. Gefangen vom Schauspiel, bemerkte er anfangs nicht, daß seine Schneidertrommel sich auf dem Mond niedergelassen hatte und nun über den Himmel reiste. Da wurde der Schneider traurig, bedeutete ihm doch seine Trommel alles. Doch am gleichen Abend kehrte sie mit der Sonne zurück. Das schürte des Schneiders Neugier noch mehr. Er umschlang seine Trommel, und siehe, mit einem Male fuhr auch er auf dem aufsteigenden Monde davon.

So erkannte der wißbegierige Mann den Lauf der Gestirne und daß die Erde eine Scheibe war, von Sonne und Mond in widerläufigen Richtungen umkreist. Nachdem er am Ende der Nacht vom untergehenden Mond auf die aufgehende Sonne umgestiegen und so am Abend wieder zum Felsen gelangt war, trat der Schneider glücklich seine Heimreise an.

Unterwegs kam er eines Tages am Hause des Sumpfgottes Sime vorbei, der mit seiner Familie gerade beim Essen saß. Da wurde der Schneider hungrig, und weil er für die Götter unsichtbar war, beteiligte er sich heimlich an ihrem Mahl. Dies tat er dann etliche Tage lang, bis er fett und der Sumpfgott mager und kränklich war. Man beschloß, den Sumpfgott-Schamanen um Hilfe zu rufen. Dieser erklärte, die Nahrung sei von einem unsichtbaren Hexer verzaubert und es gelte, ihn zu vertreiben. Und aus Teig stellte er ein Pferd und einen Reiter her. Sowie der Schneider dies sah, wurde ihm schummrig im Kopf, und als der Schamane dann die Figur auf das Pferd und beide zusammen auf einen Blatteller setzte, verließen ihn völlig die Sinne. Der Heiler indessen führte seine Austreibung weiter fort, indem er die Figuren mit dem Teller draußen außerhalb des Sumpflands an einer Wegkreuzung niedersetzte. Und langsam erwachte der Schneider aus seiner Umnachtung. Doch wo war er? Er war an der Wegkreuzung, neben dem ausgesetzten Teller. Da ward ihm plötzlich klar, daß für den Gott des Sumpflands er, der menschliche Schneider, ein Hexer gewesen war. Noch glücklicher als über die Entdeckung des Laufs der Gestirne kehrte er in sein Heimatdorf Taka zurück, wußte er doch nun, wie man Hexen vertreibt. Seine Kenntnisse teilte er dem Ersten Schamanen mit.

An der entscheidenden Austreibung der Nacht nehmen mehrere Laiengehülfen teil. Jeder von ihnen wedelt mit einem Austreibungsutensil, mit einem Strauß vom Lebensbaum, einem Messer, einem Küken, Pfeil und Bogen.
Der Modellpfeil wird an der Stelle in den Körper geschossen, wo der magische Pfeil des Totengeistes eingetreten ist. Beide Geschosse sollen an der anderen Seite aus dem Körper wieder heraustreten.
Der Patient versucht seinerseits, die schlechten Einflüsse auszuhusten.
Der mit Kükenblut getränkte Modellpfeil wird der Tonfigur des Totengeistes als Gabe zugeschossen.

An der Wegkreuzung bringen die Gehülfen dem Totengeist das ihm gebührende Kükenopfer dar.
Seine magischen Pfeile schießen sie in alle vier Richtungen zurück, bevor sie ihren Bogen zerbrechen und die Verbindung zwischen Dorf und Außenwelt mit neun Kreuzstrichen abschneiden.

Während einer Trinkpause stärken sich Man Bahadur und seine Gehülfen mit Bier für die bevorstehende Aufgabe, die Seele des Leberkranken draußen in der Nacht wiederzufinden.

Man wählt als Methode den magischen Stock, der, von Geisternahrung animiert, einen besessenen Seher führt. Der Stock zieht den Seher Bhim Bahadur mit unwiderstehlicher Kraft auf den Spuren der entfleuchten Seele über die Grenzen des Dorfes hinaus in die Nacht. Der fährtenkundige Stock macht erwartungsgemäß am Grabe der zweiten Frau des Leberkranken Halt. Denn es war ja ihr Totengeist, der laut Diagnose die Krankheit des Gatten allererst verursacht hatte. Zu diesem Ort floh die Seele des Schwermütigen, – hier wird sie nun ausgegraben.

Nachdem er an der vom magischen Stock bezeichneten Stelle ein Loch gegraben hat, riecht der Seher Bhim Bahadur an der frischen Erde, da sie dort, wo sich die Seele versteckt hält, deren Geruch angenommen hat. Die genaue Lokalität der Seele im Grab wird dem Oberschamanen in fiktivem Tibetisch mitgeteilt.

Sobald der Seher die entfleuchte Seele fest in Händen hält, wendet er der Totenstätte den Rücken zu und schüttelt sich heftig, um die Seele mit Gesten physischen Aufwands von ihrem Zufluchtsort fortzureißen.

Dann wird sie vorsichtig in ein weißes Tuch gewickelt und, nach Rückkehr der Delegation ins Dorf, im Haus der Séance dem Patienten wieder einverleibt.

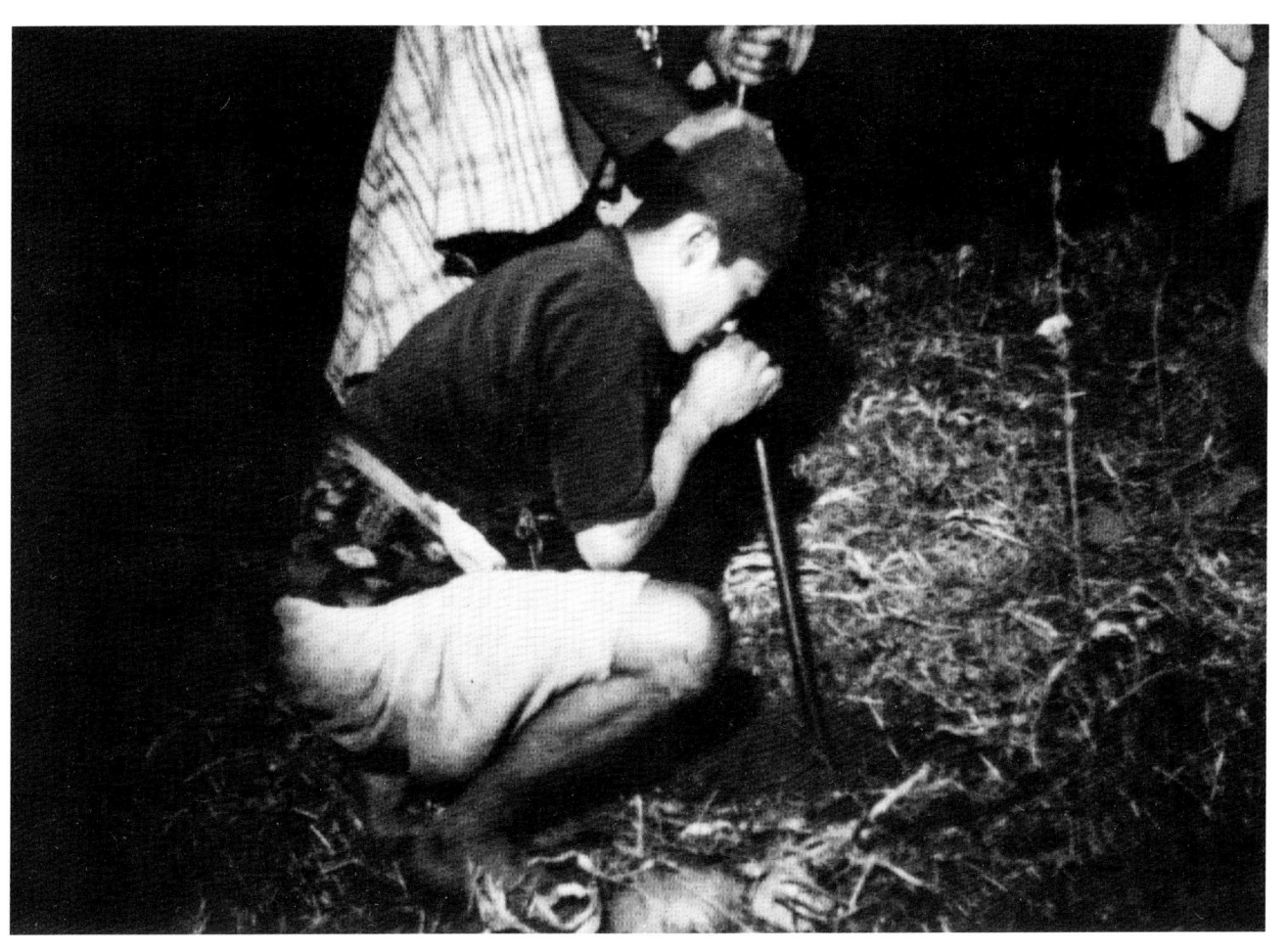

Es kommt auch vor, daß Man Bahadur die entfleuchte Seele seines Patienten selber sucht und, wie hier, am Hexenstein, einem Felsen nahe dem Fluß, in der materialisierten Gestalt eines Wurmes unter den Steinen findet.

Zuvor hat er den Ort mit rotweißen Stoffstreifen geschmückt – Gaben an einen Geist, halb Schlange, halb Frau –, und mit geröstetem Getreide bestreut. Wenn dieser Zwitter-Geist eine Seele raubt, sind die Krankheitssymptome des Betroffenen Apathie, Fieber, Appetitlosigkeit.

Hat die Suche nach der entfleuchten Seele Erfolg, – und meist hat sie Erfolg –, schließt sich ein Blutopfer an, getreu den Vereinbarungen, die der Erste Schamane in uranfänglicher Zeit mit den Übernatürlichen traf.

Neben dem Kopf der Opferziege nagelt Man Bahadur mit einer Hacke den verantwortlichen Geist in der Erde fest und gibt ihm Geisternahrung bei.

Von solchen nächtlichen Blutopfern sind Frauen grundsätzlich ausgeschlossen, selbst die weiblichen Schamanen.

Aus der Leber des Opfertiers liest Man Bahadur die Zukunft seines Patienten.

»Die Zeichen stehen schlecht.«

Ist ein Magar gestorben, so bahrt man ihn auf dem Dache des Nachbarn auf. Die Sitzordnung an der Bahre ist festgelegt: an den Flanken die Töchter, Frauen und Schwiegertöchter, am Kopfende gen Westen die Söhne.
Die defilierenden Verwandten legen als Totengabe Geldscheine aufs Haupt des Verstorbenen, die, in einem Kupfertopf gesammelt, später an die Ehrengäste verteilt werden, an die Träger des Wegtuchs des Toten.
Der Leichnam wird mit Schmuck aus dem Besitz eingeheirateter Frauen beehrt und reichlich mit Wegzehrung versehen, mit Reis und Mais, damit er nicht Hunger leide auf seiner langen Reise ins Jenseits.

»Vater, deine Seele mag schon an einen
kühlen, schattigen Ort gelangt sein.
Du bist fort und läßt uns allein.«
»Wir werden von nun an ewig getrennt sein.
Wir werden uns nie mehr sehen, Vater.«
»Heute öffne ich mein Herz
und lasse meinen Kummer heraus.
Wir werden nie mehr miteinander sprechen.«

So klagen die über den Leichnam gebeugten Töchter des Toten, ihre verweinten Gesichter mit Tüchern verhüllend. Die Klagelieder verleihen der formlosen Unbegreifbarkeit des Todes zumindest im Ausdruck eine Form.

Auch die Totenmatte, in die man den Leichnam für den Transport zum Grab gewickelt hat, ist mit Kornfrüchten angefüllt. Ein gesättigter Toter ist ein befriedeter Toter, ein hungriger dagegen ein rachsüchtiger.

Den Weg vom Hause zum Grab weist ein langes, weißes Weg-Tuch, das die Ehrengäste aus den umliegenden Dörfern an Bambusstöcken tragen. Es dient dem Toten als Wegweiser zum Jenseits, das *jenseits* des Passes beginnt, der die Nördlichen Magar von ihren Nachbarstämmen trennt. An den markanten Stellen des Weges zum Grab feuert ein Mitglied aus der Gruppe der Frauennehmer einen Schuß zur Sicherung der Strecke ab.

Neben der gewöhnlichen Bestattung praktizieren die Magar auch die Verbrennung ihrer Toten. Sie ist wegen der Knappheit des Brennholzes entschieden teurer und rarer. Die Aschen des Scheiterhaufens werden, wie bei den Hindus, den Fluß hinabgespült. Unabhängig von der Form der Bestattung müssen sich alle Trauergäste anschließend die gefährliche Nähe des Todes vom Körper waschen.

Ein Verstorbener braucht lange Zeit, bis er seine Rolle als Toter gelernt hat. Immer wieder wird er versuchen, zu den Lebenden zurückzukehren und, da er nicht wieder sein kann wie sie, sie zu belästigen. Im besten Falle geht er als neutraler Ahn ins Jenseits ein. Den Gedanken einer Wiedergeburt gibt es für ihn nicht. Darin unterscheidet sich das Laienvolk grundsätzlich von den Schamanen. Im strikten Sinne sterben Schamanen nicht, sie kehren stets in einem anderen wieder, wenn dieser die Belege der Reinkarnation vorgewiesen hat.

Dieser Unterschied zeigt sich auch in der Bestattung: der einfache Magar liegt flach in seinem Grab, in ost-westlicher Richtung, – unter der Erde; Der Schamane dagegen sitzt aufrecht, über der Erde, unter einem Grabhügel, mit dem Gesicht nach Norden gewandt, der Heimat des Ersten Schamanen. Er hält seinen Lebensbaum umklammert, der über den Grabhügel hinausragt. Im Geäst hängen die zerschlagene Trommel und die Krone aus Fasanenfedern.

Die Pflege seines Grabs obliegt dem Wiedergeborenen. Sie wird fällig, wenn ein Neophyt im Traum seinen Ahnengeist gesehen

und dieser sich bei ihm über starke Schulterschmerzen beklagt hat. Die Schmerzen sind Ausdruck dafür, daß die Steine des Grabhügels verrückt worden sind und einer dringenden Ausbesserung bedürfen.

Der Neophyt Parjit hat diesen Auftrag übernommen, wenige Monate nach seiner Geburt als Schamane. Mit dem Geruchssinn und seinem Hinterteil spürt er als Wildschweingeist die Ausbesserungsstellen auf dem Grabhügel seines Ahnen auf. Manche Anwärter auf den Beruf des Heilers finden an dieser Stelle auch den versteckten Haarzopf des Ahnen, das Verbindungsstück zwischen den Generationen lebender und verstorbener Schamanen.

Den Nördlichen Magar ist die westliche Medizin nicht mehr ganz unbekannt: Vor etlichen Jahren hatte es, zwei Tage von ihrem Wohnsitz entfernt, bereits einmal vorübergehend einen health post gegeben, den viele von ihnen als Alternative zum Schamanen aufsuchten. Diese kurze Begegnung mit einer anderen Form, das universale Problem der Krankheit anzugreifen, war bei den Magar allgemein auf Zustimmung gestoßen. Man betrachtete die westliche Medizin als sinnvolle Ergänzung zur magischen Heilung. Selbst die Schamanen sahen die fremde Methode keineswegs als Konkurrenz zu ihrer eigenen an.

Die Fähigkeit der Magar, neben der magischen Heilung die westliche Medizin gelten zu lassen, ja herbeizuwünschen, basiert auf der Ansicht, daß beide sich nicht überschneiden. Beide Ansätze beruhen auf unterschiedlichen Prämissen und agieren auf verschiedenen Ebenen. Wo die Medizin von Krankheitserregern im naturwissenschaftlichen Sinne spricht, redet der Schamane von einem gestörten Gleichgewicht zwischen Menschen und übernatürlichen Kräften, das er wieder ausbalancieren kann.

Die chemische oder chirurgische Behandlung könnte folglich hinzutreten, ersetzen könnte sie den Schamanismus nicht, wollte sie nicht damit zugleich ein ganzes Weltbild unterwandern oder gar vernichten helfen, das die Jahrhunderte überstanden und eine Gesellschaft in ihrem Selbstverständnis erhalten hat.

Die Schamanen des Blinden Lands sind nicht nur Heiler und Seher, Vermittler zwischen den Welten der übernatürlichen Kräfte und der Menschen, sie sind zugleich große Unterhalter, wenn sie erst einmal Souveränität und Meisterschaft in ihrem Metier erlangt haben.

Dazu bedarf es vieler Jahre der Einübung und der Lehre, an deren Anfang Perioden leidvoller Prüfungen stehen.

Bevor ein Schamane wie Beth Bahadur mit seinem eigenen Meister Bal Bahadur in der Séance Scherze treiben und die charakteristischen Handlungen seiner Hilfsgeister in einer Revue persiflieren kann, verstreicht eine lange Zeit der Unterweisung, die mit den festlichen Ereignissen der Versiegelung der Hilfsgeister, der Herstellung von Trommel und Ausrüstung und der Geburt auf dem Lebensbaum ihre Höhepunkte hat.

Die großen Ereignisse der Initiation sind an Neu- und Vollmondtage bestimmter Monate geknüpft, und Schamanen liierter Dörfer werden in großer Zahl zur zeremoniellen Unterstützung und zur Darlegung ihrer Eintracht herbeigerufen. Ihre Paraphernalien tragen die Gehülfen in geflochtenen Hanftaschen zum Hause der Initiation, wo sie am Zentralpfosten aufgehängt werden.

Ruf und Versiegelung der Hilfsgeister des angehenden Schamanen unter Beistand der Gemeinschaft der Voll-Initiierten ist eines dieser Ereignisse und findet sechs Monate vor der eigentlichen Geburt im Hause des Neophyten statt.
Ein Streit zwischen einem angetrunkenen Dörfler und den versammelten Schamanen vermag den Ritus nur kurz zu unterbrechen.

Im Mittelpunkt dieser Vorinitiation steht die Versiegelung der herbeigerufenen Hilfsgeister des Neophyten in neun aneinandergebundene Bambusröhrchen. Der guru selbst füllt die Bambusröhrchen mit Getreidekörnern, Nahrungsmitteln für die zu verschließenden Hilfsgeister, die sich aus sechs Tier- und drei anthropomorphen Wesen zusammensetzen, dem Schlangen-, Affen-, Wildschwein-, Bären-, Tiger- und fliegenden Eichhorn-Geist, dem Stummen Helfer, dem Lama- und Ahnengeist. Anschließend versiegelt er sie mit Kuhmist und reinigt die Öffnungen mit Wacholderblättern.
Das Zurechtschnitzen der Bambusröhrchen für die Hilfsgeister obliegt einem Gehülfen, der zum Initianten im Verhältnis eines Frauennehmers steht.

Jedem Schamanen sind die gleichen neun Hilfsgeister zu Diensten, die er im Zustand erzeugter Ekstase um Beistand gegen die übelwollenden Geister herbeirufen kann. Der Neuling jedoch vermag noch nicht mit ihnen umzugehen. Sie dominieren ihn, statt er sie. Deshalb müssen die Hilfsgeister unter Teilnahme der Schamanengemeinde zu allererst für ihn domestiziert werden. Dies geschieht durch ihren halbjährigen Verschluß und ihre Aufbewahrung auf dem am Hauspfahl angebundenen Lebensbaum des Neophyten.

Die 9 Gehülfen alle/
Stehen ab heute bereit/
Bis zum Vollmond/
Des Monats Mai/
Die 9 hilfreichen Geister/
Werden erfreut sein/
Attackiert unsern Neuling nicht/

Das Opfer eines Widders zugunsten des Ahnen beschließt die Versiegelung der Hilfsgeister.
Der Neophyt trinkt vom Blut des Widderkopfes als Zeichen dafür, daß der Ahn durch ihn das Opfer angenommen hat.

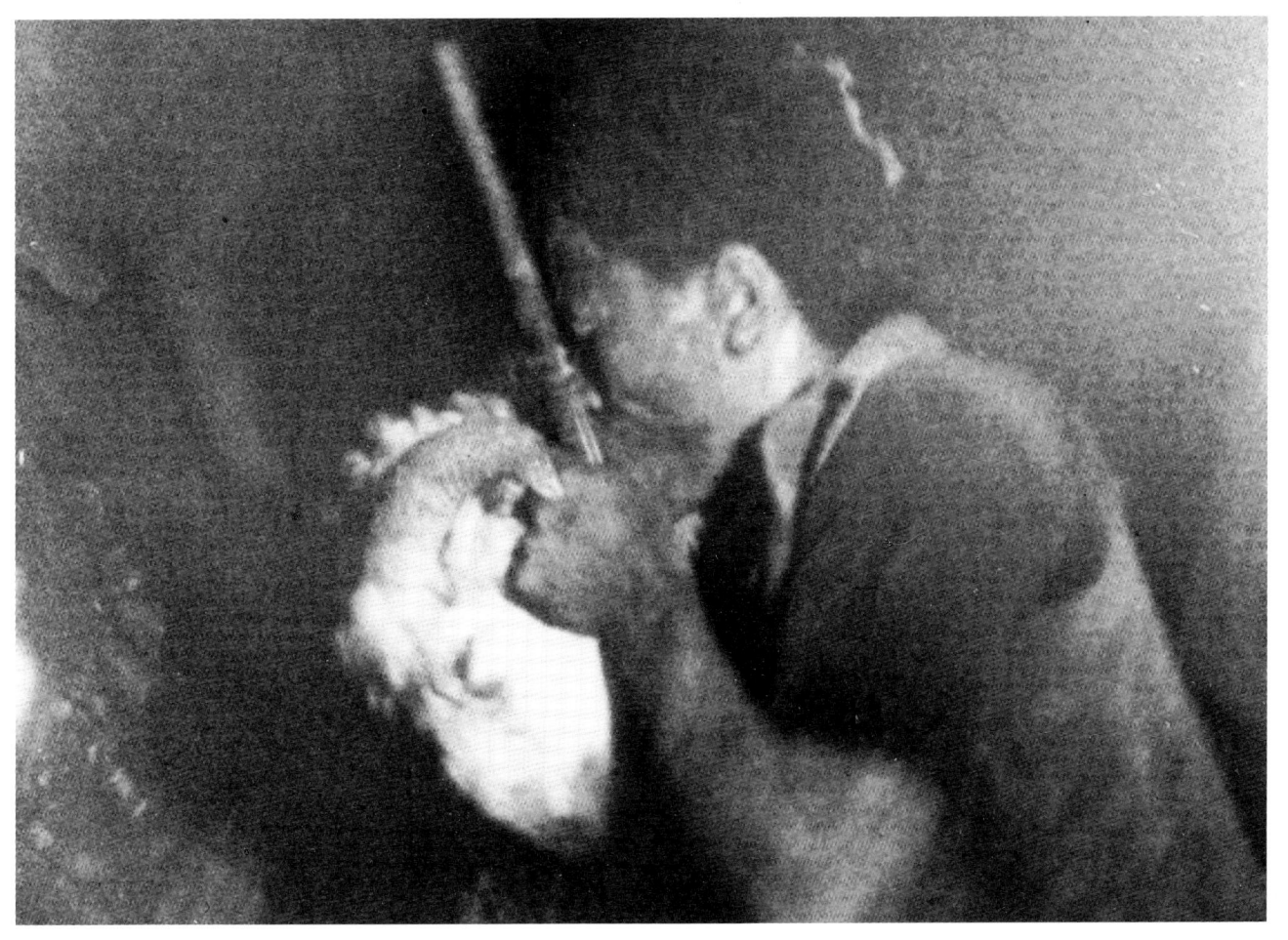

Fünf Monate nach Versiegelung der Hilfsgeister ist ein anderes wichtiges Ereignis für den angehenden Schamanen: die Herstellung seiner Trommel.

Der Rahmen wird aus einem Eichenbaum geschnitten, dessen Standort der Ahnengeist dem Novizen im Traume mitgeteilt hat.

Nun sind neun Gehülfen und Schamanen mit ihm ins Gebirge gezogen, um die Arbeit zu vollenden.

Mit Weihrauch und Getreidekörnern für die Hilfsgeister animiert Beth Bahadur den Novizen und den magischen Stock, der ihn zum bezeichneten Baume führen wird.

Sobald sich der Ahn des Novizen bemächtigt hat, stürzt dieser zu einer Quelle, in deren Spiegelung die frühere Vision über den genauen Ort des Baums bestätigt wird. Dies ist der einzig aktive Part, den der Novize bei der Herstellung des Trommelrahmens spielt. Alle manuellen Arbeiten vollziehen die Gehülfen. Nachdem er die Stimme des Quellgottes vernommen hat, begibt sich der Novize, in voller Trance, auf die Suche nach seinem Baum. An der vorbestimmten Eiche angekommen, legt er sich zum Beweis dafür, daß es die richtige ist, wie zum Schlafe nieder.

Nun wird der Trommelrahmen mit Getreidekörnern eingesegnet und durch die Axtschläge der Gehülfen gefällt.

Der Abtransport des gefällten Baums zur Quelle vollzieht sich streng nach mythologischem Muster: Er muß von den Gehülfen *geritten* werden, um ihn so vor möglichen Attacken der Hexen abzuschirmen.

Der gespaltene Baumstamm wird zu zwei gleichen Latten zurechtgestutzt. Aus einer entsteht der Rahmen, die zweite wird in Reserve gehalten, falls die erste bricht.
An neun vorgeschriebenen Halteplätzen wird die Feinarbeit vorangetrieben.

Noch immer ein paar Stunden vom Dorfe entfernt, hebt Beth Bahadur am neunten und letzten der Halteplätze ein kreisrundes Loch in der Erde aus. Hier wird die Latte zum herzförmigen Rahmen gebogen.
Um sie für die Beugung elastisch zu machen, erhitzt der Schamane Tul Bahadur die Latte über der Glut eines Feuers.

129

Auf den in die Erde eingelassenen Trommelrahmen träufelt ein
Gehülfe zu Ehren des Erdgotts das Blut eines Opferkükens.
Ein Geldschein wird hinzugefügt.

*»Im Hause der Reichen wird dieser Rahmen
schöne, fette Opferschafe bringen.«*

*»Du wirst vorzügliche Dienste leisten,
Reichtum und Gesundheit bringen, Trommel.«*

Gegen Abend erreichen die Trommelschneider den Dorfrand.
Getreu dem Vorbild des Ersten Schamanen rollen sie die halbfertige Trommel zu einem zweiten Erdloch, in das sie der Oberschamane persönlich für eine Nacht eingräbt, damit sie sich sogleich
an ihre künftigen Unterweltreisen gewöhne.

Am nächsten Tage, in der Schmiede der Unterwelt, hämmert Tiku Kami die nötigen Eisenscharniere fest. Das wichtigste der eisernen Scharniere ist eine rechteckige Öse, von der nach der Überlieferung in den Séancen die Gefährdungen der Patienten abfallen.

Nicht bei allen Séancetypen ist es erforderlich, eine Trommel zu verwenden. Manchmal, wenn der Schamane diagnostiziert hat, daß die entfleuchte Seele seines Patienten noch nicht in die gefährliche Nähe des Passes gelangt ist, der Diesseits von Jenseits trennt, mag es genügen, sie mittels eines Tellers zu beschwören, den Weg in den Körper ihres Besitzers zurück einzuschlagen.

Kathka's Patient ist ein Baby, dessen Gefährdung sich in Grenzen hält. Mit tibetischen mantras und mit Getreide, das er in die Luft streut, lädt er seinen Ahnengeist ein, ihm bei der Rückführung der Kinderseele beizustehen.

Im Innern des Hauses sitzt die Familie: Mutter, Vater und Kind, während Kathka vor dem Eingang auf der Veranda Anweisungen für den Ritus gibt. Der Vater des erkrankten Babys, Sarki, ist selbst ein Schamane und er darf, den Satzungen der Berufszunft gemäß, im eigenen Haushalt keine Séancen durchführen. In seiner Familie agiert er nur als Gehülfe.

Sarki's Aufgabe ist es, über dem Eingang ein Huhn aufzuhängen, das dem Schamanen bei der Suche nach der Seele des Kindes entscheidend beistehen wird.

Das Huhn ist kein anderer als jener Nackte Vogel, der auch in anderen Sitzungen als ein Wesen fungiert, das imstande ist, in seherischem Flug über Flußtäler und Bergzüge hin, das Versteck der Seele ausfindig zu machen und ihre Rückführung vernehmlich anzukündigen.

Unter dem hängenden Huhn stellt Kathka ein Messinggefäß mit gereinigtem Wasser auf einem Teller nieder, über das er eine mit Gelbwurz eingeriebene Schnur legt, die in neunfacher Länge die Körpermaße seines Patienten vertritt. Das Lied, mit dem er daraufhin die Seele des Kindes beschwört, an den Rock der Mutter zurückzukehren, wird so lange gesungen und gegebenenfalls wiederholt, bis das Huhn die Heimführung der Seele angekündigt hat.

Wegen der Geringfügigkeit des Anlasses begleitet Kathka sein Lied auf einem rhythmisch angeschlagenen Messingteller:

Hm, hm, die Sonne scheint am Morgen/
Eines Baby's Seele ward gestohlen/

Die Seele meines Klienten/
Am Montag und am Dienstag/

Schau zurück, kleine Seele, zur Mutter/
Schau auf die 22 Arten von Nahrung/

Am Hauptpfahl des Hauses niedergelegt/
. . .

Nahe dem Haus der Hexen/
Nahe der Totenstätte/

Sitzt ein Nackter Vogel in der Sonne/
Bringt einen solchen Vogel dem Kinde/

Sucht nach ihm im ganzen Wald/
Um Kind und Mutter wieder zu vereinen/

Im Hause der Ahnen/
Im Hause der Schamanen/

Unter den Strahlen der Sonne/
Beim Geschmack guten Wassers/

Habe ich, gestohlene Seele, vergessen/
Zu Mutters Schoß zurückzukehren/

Ehrenwerter Lehrer, Gulaph Singh/
Helft die verlorne Seele wiederfinden/

Auf dem höchsten Gipfel von Bukheni/
Im Dschungel und am Wasserfall/

An den 9 Quellen und den 9 Wassern/
Im Lande des Urgroßvaters/

Sucht die Seele im Wasser und an Land/
Sucht sie auf der Totenstätte/

Stellt meinen Klienten wieder her/
Stellt wieder her Hand, Fuß und Mund/

Mit Hilfe der Ahnengeister der Vorfahren/
Verliert mein Klient die 9 Gefahren/

Hebt ihn aus der Unterwelt/
Stellt ihn wieder her/

Auf der Suche nach des Klienten Seele/
Ging ich in alle 4 Richtungen/

Ich umzingelte sie mit den Geistern/
Mit den 3 und den 9 Hilfsgeistern/

In meinem positiven und negativen Traum/
Um die Seele zu finden/

Die in die Unterwelt abgestürzt war/

Einige junge Zuschauer haben auf der Veranda die Zurückführung der Seele verfolgt, die jetzt im zugedeckten Messinggefäß als Fliege schwimmt und von Kathka aufmerksam bewacht wird.

Die als Fliege materialisierte Seele hat der Schamane dem Baby zurückgegeben. Die Séance ist geglückt.

Ein paar Stunden später vertreibt sich Kathka in Begleitung von Man Bahadur mit Fischen im Uttar Ganga die Zeit. Man fischt mit Reusen, Netzen und Angeln. Statt Haken haben die Angelschnüre Schlingen, an denen in der Frühjahrszeit als Köder rote Blumen angebracht werden.

Die Schnüre, früher aus Pferdehaar, sind heute aus Nylon von den südlichen Märkten an der indischen Grenze.

Die Fischernetze, von denen Man Bahadur gerade eines für den Wurf zurechtmacht, spielen auch im schamanistischen Ritual eine besondere Rolle.

Der Geist der Weißen Kreide hat einen Mann vom Felsen gestürzt und schwer verletzt. Einst war er selbst als Mensch, bei dem Versuch, seinen kleinen Sohn, der sich in einen Vogel verwandelt hatte, von einem Ast zu holen, tödlich abgestürzt.

Ein derartiger Unfall ist ein gravierendes Mißgeschick, das nicht nur den Abgestürzten betrifft, sondern alle Mitglieder der väterlichen Verwandtengruppe in die Zone alarmierender Gefahr gerückt hat. Deshalb müssen in der entsprechenden Heilungsséance diese Angehörigen unter ein schützendes Fischernetz, damit der Geist nicht auch sie noch ereile. Die Abschirmung der Verwandtengruppe unter dem Fischernetz ist für alle Fälle widernatürlichen Unglücks vorgeschrieben, so auch den unzeitgemäßen Tod eines Kindes, das als Geist andere Kinder plagt.

Des Waisenknaben Kubiram leibliche Mutter war im Kindbett gestorben. Als er weinend am Rand eines Reisfeldes saß, erbarmte sich seiner eine Tharufrau, die ihn in ihre Obhut nahm. Sie und ihr Mann hegten und pflegten den Kleinen, bis eines Tages der Vater zu den Märkten des Tieflands eine Reise antrat. Über Nacht verfiel die Ziehmutter der Trägheit. Ganze Tage verschlief sie; ihre Pflichten vergaß sie. Vor allem vergaß sie, dem Kinde die Brust zu reichen. Im Mangel erwuchsen ihm Federn und Flügel, Krallen und Schnabel. Und alsbald flog der ungestillte Kubiram als Vogel davon. Dies geschah an einem Montag des schwarzen Monats cait. Der Vogeljunge ließ sich auf einer Roggenähre nieder und nährte sich von der Pflanzenmilch. Weiter flog er zum barga-Kraut, zur Blüte des pipal-Baumes und zum Bohnenblatt. Überall trank er sich satt.

Da weinte die Mutter bittere Tränen der Reue. »Komm zurück, mein Kind, in meinen Schoß, auch wenn du ein Vogel bist.« – »Nein, Mutter, du hast deine Pflichten verschlafen und ich bin deshalb zur Kreatur des Waldes geworden. Jeden Tropfen Milch, den ich von dir bekam, werde ich dir vielfach zurückerstatten von den 32 Pflanzen und den 36 Baumarten. Doch zurückkehren werde ich nicht.« Und er flog ins Terai auf den Mangobaum.

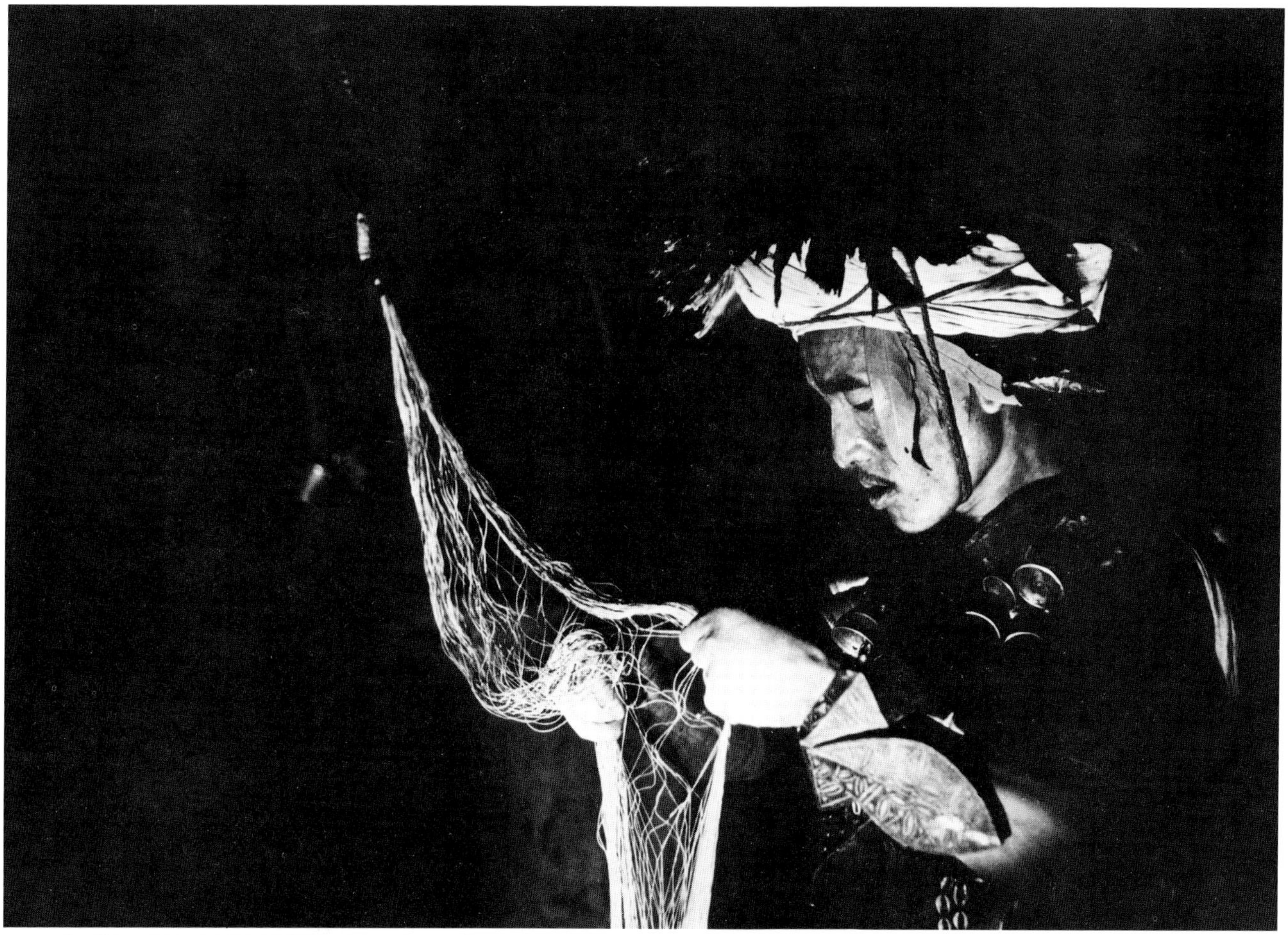

141

Es ergab sich, daß der Vater, als er, mit Geschenken beladen, von den Märkten heimwärts zog, sich unter eben diesem Baum zum nächtlichen Lager niederließ. Da konnte der Vogelsohn seine Tränen nicht länger unterdrücken, und sie fielen nieder auf den ruhenden Vater. Der schaute nach oben und erblickte auf einem Ast einen Vogel, der unruhig hin- und herhüpfte. An seinem Gelenk rasselten Fußschellen, die der Vater als die seines eigenen Kindes erkannte. Da dämmerte ihm, was geschehen war. Rasch ließ er sich vom Vogelsohn das widerfahrene Unglück berichten. »Komm zurück, mein Kind, auch wenn du ein Vogel bist, ich habe schöne Sachen für dich.« »Ich kann nicht, mein Vater. Durch Mutters Versäumnis bin ich zum schädlichen Geist geworden. Unter dem Namen Ra werde ich Kinder, die es besser haben als ich, vernichten. Tritt nie unter meinen Schatten.«

Doch der Vater erkletterte den Mangobaum, höher und höher. Am neunten Ast angelangt, griff er schluchzend nach seinem Vogelsohn. Doch der streckte blitzschnell seine Kralle aus – und der Vater stürzte vom Baum und war tot. Gleich dem geliebten Sohn verwandelte er sich in einen schädlichen Geist, in den Geist der Weißen Kreide, der die Menschen vom Felsen stürzt. So kommt es, daß heute, wenn der Schamane einen der beiden mit der turli- und murli-Flöte zum Opfer ruft, auch der andere Geist erscheint. Denn beide gehören zusammen.

Zu Beginn der Sitzung vertreibt Kathka mit Trommel und Tanz alle übelwollenden Geister, die sich im Hause des Ungeschicks eingenistet haben mögen.

Am Lager des Verunglückten wacht seine Frau, während der Schamane, vom Stummen Helfer besessen, in der wortlosen Zeichensprache der Stummen die Diagnose stellt:

ausgestreckte Finger	– Herabstoßen
Streichen übers Haar	– weibliche Geister
drei vorgezeigte Finger	– drei Hexen
angezogene Fäuste	– Absturz durch Erschrecken
Riechen am Patienten	– Zukunftsaussichten
Umherblicken	– Suche nach den verantwortlichen Hexen
Blasen von Asche	– Vertreibung der Hexen
Abzählen der Finger	– neun Tage Gefahr

Die Maßnahmen gegen die Präsenz des Geists der Weißen Kreide sind abwehrender und aggressiver Natur: zunächst stellen die beiden anwesenden Schamanen eine neunsprossige Bannleiter her, die mit protcktiven Kohlestrichen versehen und abschirmenden Dornenästen bestückt wird. Später präparieren sie eine Kalebasse, in die sie den Geist mit Speisen und Musik hineinlokken, um ihn zu töten.

Die neunsprossige Bannleiter wird vom Schamanen Kathka am Ende über dem Eingang zum Inneren Haus aufgehängt, um es noch ein weiteres Mal gegen die möglichen Angriffe des Kreidegeists abzuschirmen.

Magische Maßnahmen gewinnen stets an Wirksamkeit in der Verdoppelung. Sind die Gefahren einmal gebannt, so können die Angehörigen unter den Netzen wieder freigelassen werden.

Der Verunglückte kam nach der Heilung mit dem Leben davon, trotz schwerster Verletzungen. Stattdessen starb seine Frau. Die Schamanen erklärten dies damit, daß die beiden ihre Schicksalskonstellation vertauscht haben mußten.

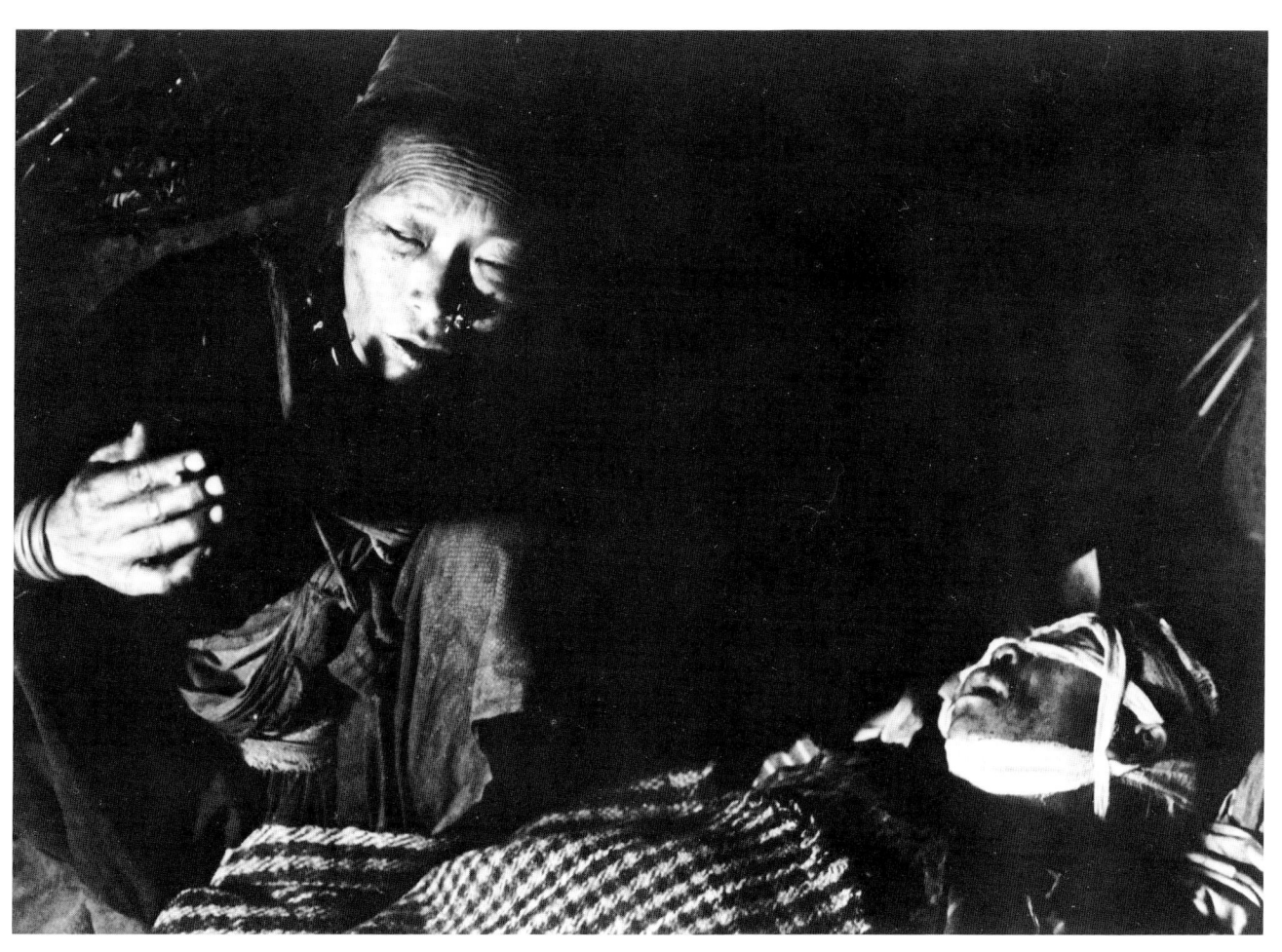

Die Kalebasse muß für den Geist der Weißen Kreide, bevor man ihn anlockt, attraktiv gemacht werden. Ein propellerähnlicher Aufbau aus Hölzern vertritt eine schöne Blume. Einen zusätzlichen Anreiz bieten Speisen, darunter ein Kükenopfer, die der Schamane in die Gurde gibt.

Schließlich spielen vier Assistenten, draußen auf Dächern in Decken gehüllt, auf je einer eintönigen Bambusflöte, den *turli-murli*-Flöten des Mythos. Diese Hexenmusik zieht den Geist unwiderstehlich an und lockt ihn in die Kalebasse, die dann plötzlich zerschlagen und unter großem Gelärme aus dem Dorf getragen wird. So wird der Feind vernichtet.

Während sich die Flötenbläser hinter den Silos vor der überhängenden Nähe der Gefahr ducken, sichert Bal Bahadur das Haus mit magischen Sprüchen ab, mit Getreidekörnern für die Geister und mit abwehrendem Fersenstampfen.

Man und Beth Bahadur sind in ein Haus gerufen worden, in dem ein Neugeborenes von den eifersüchtigen Nachstellungen des Kindergeists *ra* heimgesucht wird, einem Jahre zuvor gestorbenen Baby. Dieser Geist ist im Mythos jener Waise, dem die Mutter die stillende Brust aus Trägheit verweigert. Verstört und beleidigt verwandelt sich das Kind in einen bösen Vogel und reißt auch den helfenden Vater mit ins Reich der ruhlosen Toten, der durch diesen Sturz zum Geist der Weißen Kreide wird.
Durch die Verwandtschaft der beiden Geister fallen alle von ihnen verursachten Unglücksfälle, so unterschiedlich sie auch seien, in die gleiche Kategorie von Gefährdung und fordern den Schamanen deshalb eine ähnliche Behandlung ab.

Auf der angeschlagenen Flachtrommel stellt Man Bahadur mittels eines zur Kugel gerollten Stücks Stoff seines Patienten fest, wie die Aussichten der Heilung stehen. Fällt die Stoffkugel, von der Vibration getrieben, dreimal an die gleiche Stelle, so stehen die Zeichen gut, fällt sie einmal an eine Öse, einmal an einen Lederstreifen und einmal an eine dreieckige Stelle des Rahmens, so stehen sie schlecht.

Nach der Vorhersage begibt sich Beth Bahadur auf rituelle Reise, um die entflohene Seele wiederzuholen.

Die Routen solcher rituellen Reisen, – der klassischen Schamanenflüge –, sind genau festgelegt. Je nach Clanzugehörigkeit des Patienten schlägt der Schamane entweder einen Weg im Flußtal des Uttar Ganga oder einen über die mittleren Höhenzüge des Himalaya ein.

Die mythische Topographie seines Weglieds deckt sich mit realen geographischen Orten.

Geh, Schamane, geh/
Über Thāti Gyān, Tala Dalkā, Jushe Bāne/
. . . .

Die Beschreibungen der Wegstrecke ritueller Seelenflüge sind ausführlich und detailiert. Kaum ein markanter Felsen, kaum ein Tümpel oder Baum sind ausgelassen. Und an besonders auffälligen Stellen, wie den Brücken, macht der die entflohene Seele suchende Schamane Halt.
Hölzerne Tierköpfe, vorab von Widdern und Schweinen, blicken von den Streben der Brücken hinaus in den immerwährenden Lauf des Flusses.

Geh, Schamane, geh/
Geht, ihr hilfreichen Geister, geht/
Durch Rilā Ramā, Bhairamnāth/
Durch Rāle Cauran, Ralā Bhanjyāng/
Ich zählte die Fußstapfen der Seele/
Und vervollständigte sie/
Geh, Schamane, geh/
Über Lāmā Kharka, Pithyan Gyān/
Ich vervollständigte die Seele/
Ich zählte die Spuren meines Klienten/
Und vervollständigte sie mit Ziegenopfern/
Mit Opferfleisch und königlichen Kleidern/

Unterwegs blickt Beth Bahadur wiederholt ins Innere seiner Trommel. Sie wird zum visionären Spiegel, in dem er erkennen kann, ob sich die entfleuchte Seele an diesem oder jenem Ort bereits versteckt haben könnte.

Oh, Ahn und Vorfahr der Schamanen/
Helft uns den Patienten zu befreien/
Aus den Händen der Hexen der Luft/
Wir werden ihn sichern/
Nach überlieferten Regeln/

Ich werde die Seele sichern/
Nach überlieferten Regeln/

Ich werde versuchen, mein Kunde/
Deine Seele zurückzuholen/
Mein Kunde ist ausgehungert/
Wenn er nicht sterben soll/
Muß seine Seele zurück/
Ich werde sie sichern/
In diesem Haus, in diesem Land/
Wohin der Schamane kam/
Im Kāli Ganga und im Seti Fluß/
Als ich die beiden Wasser mischte/
Brachte ich die Seele zurück/
Mit der Hilfe meines Hauptahns/
Und mit der Hilfe der Geister/
Mit dem Wildschwein und dem Ziegenopfer/
Mit Hilfe des Ahnen zählte ich/
Die Fußstapfen der Seele/
Ich vervollständigte sie/
Und ich zählte sie erneut/

Die Suche selbst ist dem Schamanen möglich, da er sich von Berufs her darauf versteht, die Fußstapfen der Seele zu *sehen*.
Aber der Weg ist voller Gefahren. Wilde Tiere wie Leoparden, Bären und Tiger; konkurrierende Schwarzmagier aus anderen Dörfern; Hexen und böse Geister lauern ihm auf; Bergstürze und Schlammlawinen erschweren ihm die Passage. Er muß sich wappnen.
Deswegen heißt sein Weglied auch: *in metallener Rüstung gehen*. Tatsächlich ist die Rüstung mit vielen eisernen Teilen wie Glocken, Sonnen und Monden besetzt, sowie mit abschreckenden Tierkadavern. Ein erfahrener Heiler wie Beth Bahadur braucht seine Schutzrüstung indessen nicht sogleich anzulegen.

Die Länge der Strecke, die der Schamane auf der rituellen Reise zurücklegt, ergibt sich aus dem Grad der Gefährdung seines Patienten. Ist dieser dem Tode nahe, so ist er dies in einem räumlichen Sinne: Seine Seele hat schon den größten Teil der Strecke zurückgelegt, die das Heimatdorf vom Jenseitspasse trennt.

Und nicht immer ist der Heiler imstande, sie vor der alles entscheidenden Grenze aufzuspüren.

Die absolute Grenze, die Grenze des Schicksals, ist an einer doppelten Quelle erreicht, wo die *Wasser des Erinnerns* und die *Wasser des Vergessens* entspringen. Die einen fließen zur Heimat hin, die anderen in die Fremde fort. Und wenn diese Scheide von der fliehenden Seele überquert ist, wird der Patient unweigerlich sterben.

Diese dramatische Grenzmarkierung ist durch einen Tempel auf dem Jaljalā-Paß angezeigt, dessen Türeingang unmittelbar ins Jenseits führt, *in den Tod*.

Die Schamanenhose aus schwarzem Samt ist für männliche und weibliche Heiler die gleiche. An ihren Säumen sind mehrfarbige Streifen angebracht, Regenbögen, um anzudeuten, daß sich der Schamane durch die Lüfte fortbewegen, auf Regenbögen gehen kann.

Die Federkronen werden in Bündeln aufbewahrt. Zwei bis fünf Bündel machen eine Krone.

Während Beth Bahadur sich die schützenden Blätter des Lebensbaums unter den Turban schiebt, rührt Man Bahadur flüssige Kreide an, die Trommel und Schamanen absichern sollen, wenn der Geist des toten Kindes angelockt wird. Ein Blätterstrauch wird durch den Haarzopf gezogen, die sinnfällige Verbindung zum Ahnen.

Den Schamanen schützen gegen die kannibalische Gier der neun Hexenschwestern:

am Kopf	*die Krone aus Fasanenfedern und der Haarzopf*
an den Ohren	*die grünen Blätter des Lebensbaums*
an den Augen	*schwarzer Ruß aus der Schmiede oder flüssige Kreide*
am Hals	*die Halskette aus Eisen und die Wurzel kucar*
an den Schultern	*die Klauenschellen und die Hauptglocken*
an der Brust	*die Kauriemuscheln und Messingglocken*
am Rücken	*die Rüstung mit Tierkadavern*
am rechten Arm	*der Trommelstock und der Yakschweif*
am linken Arm	*der Bogenschutzreif*
am Herzen	*die Trommel und die Trommelgriffe*

Weiterhin schützen ihn:

an den Seiten	*die Wildschweinhauer*
in den Hüften	*zwei Gürtel aus Bärenleder*
am Gesäß	*die 9 Sonnen, 9 Monde und 9 Glocken aus Eisen*
an den Beinen	*die Regenbogenhose*
an den Füßen	*die Tigerknöchel*

Auch der Biß in die bittere *kucar*-Wurzel immunisiert den Schamanen, bevor er ein lamaistisch klingendes mantra anstimmt.

167

Die Kalebasse ist zubereitet, die Propeller-Blume angebracht. Der Kindergeist kann gerufen werden. Es ist Zeit, daß die lebenden Angehörigen unter einem schützenden Netz ihre Plätze einnehmen, denn nur ein solches vermag der Gefahrenkategorie »Widernatürliche Mißgeschicke« zu trotzen.

Während Beth Bahadur das Netz knüpft, nimmt der Stumme Hund die Maße des Babys, zu dessen Schutz die Veranstaltung stattfindet. Die Meßschnur wird dem Kindergeist als Ersatz für das Geschwisterchen dargebracht.

Eine Bannleiter wird um die Spitze des Netzes gebunden, um die Familie von oben gegen die Attacken des heimtückischen Kindgeists abzuschirmen. Weiter unten besorgt ein Dorngestrüpp das gleiche. Neun Brote, die der Stumme Hund derweil knetet, repräsentieren neun Körperteile des Unglückskindes.

Früher sollen Mütter die Totgeborenen zerstückelt und an neun verschiedenen Orten begraben haben, um die bösen Einflüsse des Kindgeists zu vereinzeln.

Beth Bahadur führt die Opferziege ganz nahe an die im Netz verweilende Familie heran, um deren Bereitschaft zum Geschäft mit den Geistern zu bekunden.

Ein Huhn wird gegen das Netz geworfen, um dem Kindergeist zu demonstrieren, daß seine Attacken in der gleichen Weise von der Familie abprallen würden.

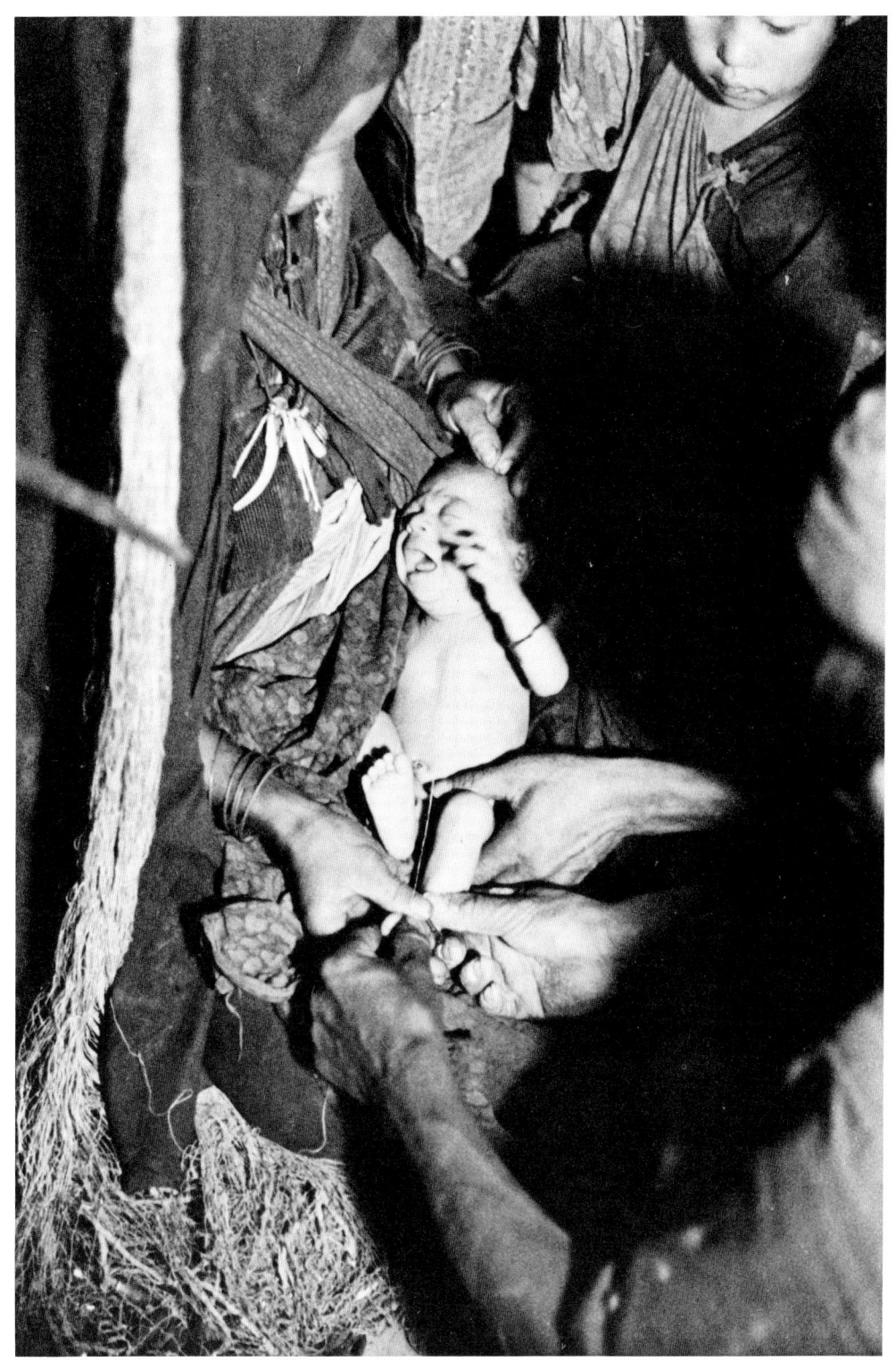

Der dramatische Augenblick, da der gefährliche Kindgeist in die Gurde gelockt, diese zerschlagen und lärmend aus dem Dorfe getragen wird, kündigt sich durch atmosphärische Spannung an.

Das charivari der Nacht soll auch andere zwielichtige Mächte vertreiben, die gern in der Nähe eines gefährdeten Hauses nisten.

Am Fluß, der Trennungslinie von Dorf und Außenwelt, löst der Schamane mit einem zweifachen Tieropfer sein Versprechen ein, für die Abwendung der Gefahr den Außerirdischen Blut darzubringen. Das Blutopfer schafft den Ausgleich der Interessen.

Vom Opfertier selbst geht für die Opfernden nichts verloren. Es den Übernatürlichen zu weihen, steht nicht im Widerspruch dazu, daß sie es anschließend unter sich aufteilen und verzehren.

Ein magischer Schamanenstock wird an der Brücke als Wehr gegen die unbemerkte Passage außerirdischer Kräfte in den Boden gerammt, für die Zeit, da alle an der Séance Beteiligten sich zum gemeinsamen Mahl um das Feuer versammeln.

Das Opfer rückt nicht bloß die Beziehungen zu den Übernatürlichen ins Lot, es eint auch die Dörfler im Gefühl eines gemeinsamen Schicksals. Und so sitzen sie, sind die zahlreichen symbolischen Handlungen der Séance, die im Blutopfer kulminieren und enden, vollbracht, noch eine gewisse Zeit auf der Veranda des Patientenhauses beisammen. Hier erwartet man in einer von übelwollenden Geistern befreiten und spürbar entladenen Atmosphäre scherzend, trinkend, rauchend und das Opfertier verzehrend den heraufziehenden Tag. Niemand ist ausgeschlossen und niemand schließt sich aus. Und der Meister, wenn die Laune ihn dazu anregt, improvisiert eine neue Variante seines Feierabendlieds:

Der Hahn hat gekräht, der Hund gebellt/
In Taka und Bacchi Gaon/
Ich habe die ganze Nacht gewacht/
Und Euch wahrscheinlich noch kränker gemacht/

Wenn er nicht in den Häusern seiner nächtlichen Sitzungen verköstigt wird, kocht Beth Bahadur am eigenen Feuer das tägliche Mahl für Schwiegermutter, Frau und Töchter. Die übliche Mahlzeit setzt sich aus Maisbrei, Fleischbrühe und Chili zusammen, den man in die Pampe bröselt.

Die Schamanen der Nördlichen Magar beschränken sich keineswegs nur auf die Tätigkeiten ihrer Berufung als Heiler und Seher. Einige von ihnen sind ausgezeichnete Jäger, viele gehen fischen und Honig sammeln und sie alle bestellen ihre Felder selbst. Die profanen Tätigkeiten sind wichtig für ihren Lebensunterhalt, denn der Schamanenberuf bringt selbst nicht genug ein.
Dies widerspricht einer verbreiteten Ansicht, die Schamanen beuteten mit Quacksalbereien nur die unwissende Bevölkerung aus. In der Tat ist ihr Los schwerer als das der Anderen: tags die Arbeit des Laien und in vielen Nächten zusätzlich die des Erwählten.

Dem Schamanen Beth Bahadur geht beim Kartoffelsetzen seine Tochter zur Hand. Stets sind es Frauen, die hinter den pflügenden Männern die Saat auswerfen.

Die Nördlichen Magar bestellen ihre Felder auf Lagen mit Höhendifferenzen bis zu 800 Metern, beginnend auf 2700 m mit Kartoffeln und Winterweizen. Die wichtigsten Feldfrüchte neben den genannten sind: Mais, Roggen, Buchweizen, Hirse, Soyabohne und Senf. Die meisten von ihnen brauchen ungefähr sechs Monate zur Reifung, Winterweizen und Winterroggen bis zu zehn.

Alljährlich im Monat Februar werden die Felder zum späteren Bestellen von einem Astrologen des Dorfes durch einen Ritus *geöffnet*. Als Ort der Zeremonie wählt man das Feld jenes Mannes, der im Vorjahr die ertragreichste Ernte hatte. An den vier äußeren Randmarkierungen des Feldes steckt der Astrologe, der in manchen der Fälle zugleich ein Schamane ist, zunächst je einen mit rotweißen Stoffstreifen behangenen Bambusstock als Zeichen des Schutzes in die Erde. Sodann opfert er dem Erdgott *Bhume* an ebendiesen Stellen Weizen- oder Maiskörner aus der Ernte des Vorjahrs, sowie Reis und Hefe.

Daraufhin begibt er sich in die Mitte des Feldes, wo er in einem in die Kardinalpunkte weisenden Quadrat eine aus Kuhmist geformte Pythonschlange, die den Erdgott verkörpert, zu Boden legt. Dieses Abbild des Gottes *Bhume* ist mit zahlreichen Punkten versehen, von denen einer als glückverheißend gilt. Diesen Punkt macht der Astrologe dank seiner seherischen Begabung aus. Der Feldbesitzer setzt nun im rechten Winkel zu diesem Punkt auf dem Körper der Schlange seine Pflugschar am Rande des Ackers an und zieht eine gerade Furche durchs Feld, die am glückverheißenden Punkt die Schlange zerschneidet. Dies werten die Magar indessen nicht als ein Töten des Erdgotts, vielmehr wird das Glück, von *Bhume* gespendet, durch die Zerstückelung symbolisch verdoppelt.

Nach dieser ersten zieht der Bauer eine zweite Furche durchs Feld, welche die andere in der Mitte rechtwinklig schneidet. Im Schnittpunkt der Furchen träufelt der Seher das Blut eines Hahns in die Erde als Opfergabe für den wohlgefälligen Erdgott, der sich gelegentlich auch in die Gestalt eines Frosches verwandelt.

Mit diesen Handlungen werden die Felder für eine ertragreiche Ernte *geöffnet*.

Die Felder, deren wertvollste unmittelbar vor dem Dorf in der Ebene beginnen, werden traditionsgemäß nur an Montagen umgegraben. Die jährliche Saison des Pflügens einzuleiten, ist Exklusivrecht der Mitglieder eines bestimmten Clans, deren Ahn einer Legende zufolge als erster die Pflugschar von einem Gotte bekam, als Entschädigung dafür, daß dieser dessen Tochter geschwängert hatte.

Das Pflügen im Monat April fällt mit der kurzen Zeit zusammen, da die Schafsherden nach fünfmonatiger Abwesenheit im wärmeren Süden vor dem Dorfe lagern, bevor sie zu den Sommeralmen aufgetrieben werden.

Das Schneiden des Getreides ist Sache der Frauen, für die der Schmied aus der Unterwelt, Bruder Tiku, vor Zeiten verschiedene Sicheln erfunden hatte.

Das Erste Getreide kam durch einen Fluch in die Welt. Biselme, die frevelhafte Jägerin, die irrtümlich Großvater Heuschrecke erlegt hatte und darob im Wahnsinn in die Unterwelt abgestürzt war, kam auch dort nicht zur Ruhe. Nach ihrem Tod konnte ihr Leichnam zwölf Jahre lang nicht verwesen. Schließlich beschlossen die Bewohner der Unterwelt, diesem Skandal durch Verbrennung ein Ende zu setzen. Ein jeder half mit: Vögel und wilde Tiere sammelten Holz, Schlangen und Waldkreaturen schnitten es zurecht und scheiteten es kreuzweise auf. Das Wildschwein hob die Erde aus und selbst die Heuschrecke leistete Beistand. Aus ihrer Armtasche zog sie einen Feuerstein und entzündete den Scheiterhaufen.

Als die Leiche verbrannt war, kam aus dem Süden der Fasan, Bruder Panju, geflogen, den die Jäger mit einer Tonkugel erlegten. In seinem Kropf fanden sich Roggen- und Weizensamen, welche man als Wegnahrung in die Asche der Toten streute. Damit war ihre Bestattung vollendet.

Auf dem Grab der Wahnsinnigen aber wuchs das Erste Getreide. Und das Getreide sprach: »Ich werde meine Herren und Besitzer bei Krankheiten schützen, ich werde die Engpässe weiten und die Seelen retten. Gebt mir Hefe und ich werde binnen drei Tagen frisches Bier sein. Wenn ich Tod und Verderben schaue, werde ich sauer werden. Sehe ich Gefahren und Engpässe, so werde ich bitter schmecken. Süß aber werde ich sein, wenn keine Gefahren vorhanden sind. Dann wird der Schamane erfolgreich sein.«

Nachdem das Erste Getreide in den Aschen eines wahnsinnigen Mädchens gereift war, fehlten den Menschen die Mittel, die Früchte des Feldes zu ernten.

Einst knüpfte Barcameni, die jüngere Schwester der sieben Geisterbrüder, aus Bambusstreifen eine Kiepe und dabei hütete sie ihren kleinen Neffen. Während sie Streifen schnitt, begann das Kind heftig zu weinen. Sie nahm es in ihren Arm und sagte: lo-lo-lo-lo, um es zu trösten. Wieder schnitt sie feine Streifen aus Bambus, und diese fügten sich unversehens zu einer Matte zusammen. Es war die lo-Matte, auf der man das Getreide ausbreiten konnte und welche die Schamanen umtanzen, wenn sie tags eine verlorengegangene Seele suchen.

Die Zeitung des Orts ist der Dorfrufer aus der Kaste der Schmiede. Mit dem Gesicht den Öffnungen der Häuser zugewandt, kündigt er den Bewohnern in metrischen Rufen wichtige Belange des Dorfes an, wie Kalamitäten, Epidemien und kommunale Unternehmen.

Hört, ihr Dörfler/

Heut ist Gemeinschaftsarbeit/
Bäume fällen für die Brücke/

Jedes Haus muß Leute schicken/
Keine Greise, Kinder oder Schwache/
Seid verständig bei der Arbeit/
Richtet keinen Schaden an/
Sonst müßt ihr Strafe zahlen/
Dörfler/

Kommunale Arbeitsteams werden gebildet, wenn es darum geht, größere Bäume als Bauholz zu fällen. Der Baumbestand ist, wie überall im Himalaya, alarmierend knapp. Und der Bedarf ist groß: Die Konstruktion eines einzigen Hauses verlangt das Fällen von 180 kniedicken Baumstämmen.
Der Weg zu den Wäldern ist weit. Allein um Brennholz zu finden, bedarf es einer kleinen Expedition von mehr als einem halben Tag.
Die kommunalen Holzfäller ziehen, wenn vom Dorfrufer dazu aufgefordert, deshalb schon früh am Morgen ins Gebirge und tun, von einer gelegentlichen Schnapsrunde unterbrochen, ihre Arbeit.
Die kommunalen Arbeitsteams sind nach Clans bzw. Heiratsklassen unterteilt. Einem jeden team stehen zwei oder drei Antreiber vor, die die Gruppe im Rhythmus und bei Laune halten.
Vorweg geht ein Trommler der Schneiderkaste.

»*Vorwärts! Schwänze wie Stecken;*
Fotzen wie Pötte.«
»*Vorwärts! Kräftig wie Elephanten;*
in einer Reihe wie Ameisen.«

Einen Halbmond vor der Geburt eines neuen Schamanen herrscht großer Betrieb in der Schmiede von Jokan. In Anwesenheit des Oberschamanen wird eine guru mālā hergestellt, die Halskette der Heiler. Sie muß dem im Mythos vorgeschriebenen Modell entsprechen. Deshalb ist Jokan, der seine Werkstatt mit Vater und Vettern teilt, an diesem Tage kein Geringerer als Tiku Kami, der mythische Schmied der Unterwelt.

Die Blasebälge sind aus Schafshäuten zusammengenäht. Zwei Schmiede beblasen mit ihnen im Wechselrhythmus das Feuer.

Sind die Schmiedearbeiten zu Ende, geht es im Hause des Meisters weiter mit dem Zuschnitt einer Ledertasche für die Halskette.

Kauriemuscheln werden zur Ornamentierung benötigt. Sie sind wertvoll, weil aus Bengalen eingeführt.

Vor der Anprobe dämpft der Meister die ungezähmte Kraft der Kette mit seinen Fersen. Ihre eigentliche Zähmung erfolgt mit dem Blut eines Kükens und eines Huhns.

Der Anordnung der Kaurie auf dem Leder wohnt eine mehrdeutige Zahlensymbolik inne. Auf beiden Seiten weisen je vier Muscheln sternförmig in die vier Himmelsrichtungen, eine fünfte steht vertikal und vertritt den Schamanen-Ahnen. Alle neun zusammen repräsentieren die neun hilfreichen Geister.

Die fertige Kette wird in einer eigens anberaumten Zeremonie dem Neophyten am Vortage seiner rituellen Geburt überreicht. Zu diesem Ereignis holt ein Gehülfe aus der väterlichen Linie des Neophyten den Meister ab, unter einer Verhüllung dessen Rüstung tragend.

Die zeremonielle Begrüßung mit Geld für den Meister und die Übergabe der Halskette finden an der mit dem Schamanenstock abgesicherten Wegkreuzung statt.

Das mit den Zähnen zerbissene Opferhuhn hat für kurze Momente im Novizen Dilman heftiges Zittern ausgelöst. Das ist ein gutes Zeichen, hat doch der in ihn eingekehrte Ahn damit seinem Wunsch nach Tierblut Ausdruck verliehen.

Fünf Generationen lang hatte er sich nicht zur Wiedergeburt in der Verwandtschaftslinie gemeldet. Denn er war von einer Frau, als er das erste Mal wiederkehren wollte, unversöhnbar beleidigt worden. Diese hatte sich mit allen Mitteln gegen die Rekrutierung ihres eigenen Sohnes zum Schamanen zur Wehr gesetzt. Offenkundig wurde dies, als sie dem Sohn, in den der Ahn eingekehrt war und jener zum Beweis dafür sich schüttelte, ein mit Menstruationsblut beflecktes Kleidungsstück über den Kopf warf. Auf der Stelle hörte das Zittern des Sohnes auf und der beleidigte Ahn verschwand.

Nun endlich hatte der Ahn, nach so vielen Generationen, seinen Gram begraben und war zur Versöhnung mit den Nachfahren jener hitzigen Frau in Dilman wiedergekehrt, dessen heftige Ahnenerregung erst mit der frisch umgehängten Halskette zur Ruhe kam.

Beim Eintritt in das Haus des Novizen sichert der Meister den Eingang mit Fersenstampfen ab gegen die Aufdringlichkeit der Hexen, insbesondere jener, die als verkehrtes Double am gleichen Tag wie der Initiant rituell geboren wird.
Das Opferhuhn ist eine Gabe der paternalen Verwandten des angehenden Schamanen, die auch für einen Gutteil der hohen Unkosten aufkommen, welche die zeremonielle Geburt verursachen wird.

»*Jetzt kannst du mit dem Meister*
scheißen und pissen gehen.
Aber laß nichts in deine Hose fallen!«
»*Mach nicht in die Hosen!*«

»*Leb lange! Werde ein berühmter*
und erfolgreicher Schamane!«
»*Wissen läßt sich durch Bemühung*
erreichen. Du brauchst gutes Wissen.«

»*Sag immer gute Dinge! Lüge nicht!*
Sag zu niemand: Du bist eine Hexe!«

In der gleichen Nacht zur Vollmondszeit versammeln sich alle Schamanen der Umgebung, etwa dreißig an Zahl, vor dem Haus des Novizen zu einem Feuertanz, um die Hilfsgeister für ihren Zögling zu rufen.
Im Nachbardorf Bacchi wird es diesmal ein Mädchen sein, das in den Stand der Erwählten gehoben wird.
Die Tanzrunden wechseln sich ab im Urzeiger- und im gegenläufigen Sinn, den Richtungen des Todes und des Lebens. Handelt es sich, wie hier, um ein Ereignis des Lebens, so überwiegen fünf Runden des Lebens vier Runden des Todes. Bei einem Ereignis des Todes kehren sich die Verhältnisse um.
Jeder Novize wird zweimal geboren, einmal tags auf dem Dorfplatz auf einer ausgewachsenen Konifere, im Kreise der gesamten Öffentlichkeit und einmal in der Nacht davor, im Hausesinnern, auf einem kleinen Lebensbaum, den man an den Hauptpfosten bindet, im engeren Kreis der Verwandten.

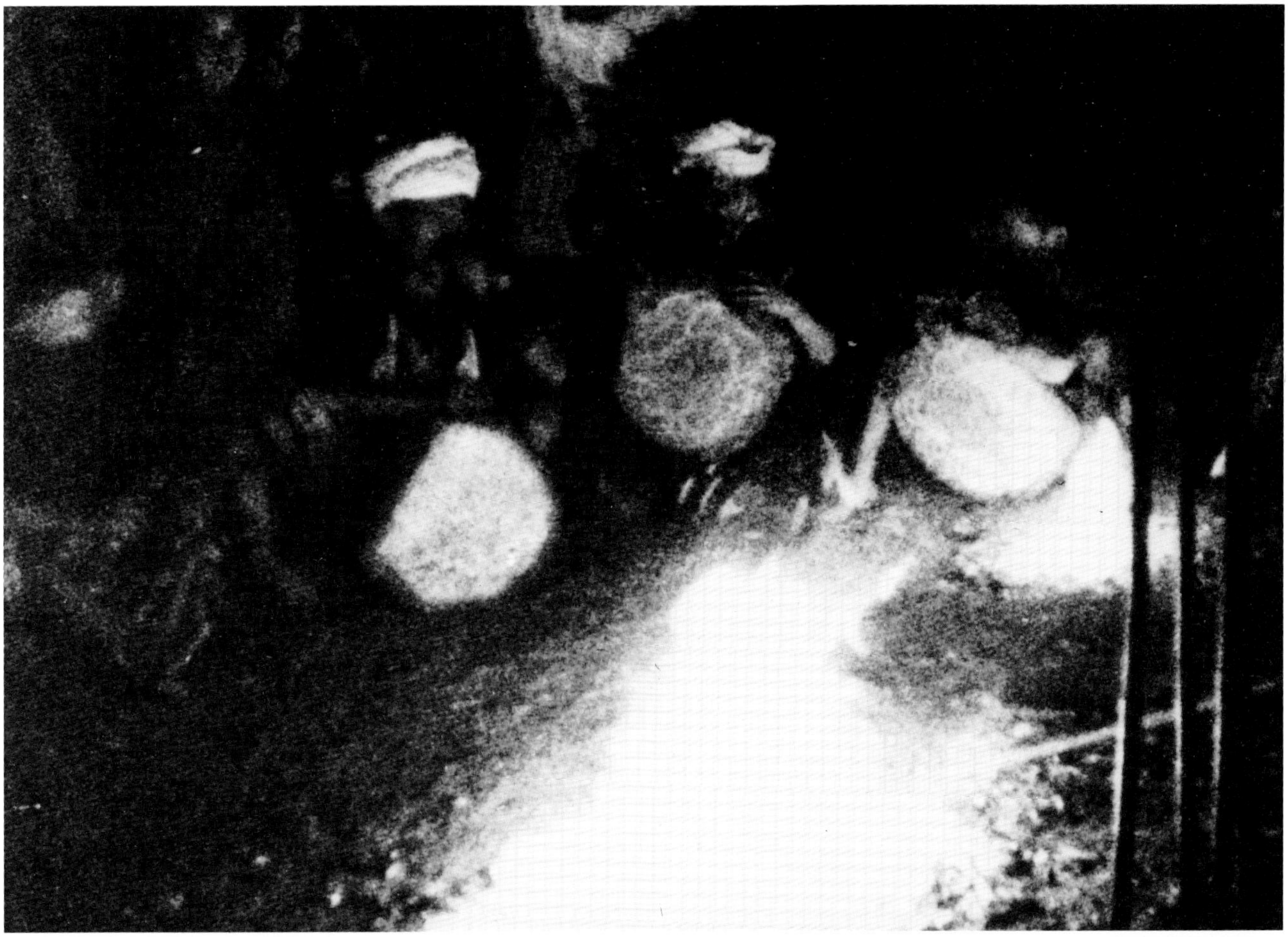

Zum Nutzen der Novizin besingen die im engen Raum des Hauses versammelten Schamanen deren Ahnen:

Ihr Ahnen, Gurai Babu Jaya/
Wir wurden geboren aus Eurem Herzen/
Und aus Eurer Leber/
Leitet den neugeborenen Schüler/

Der Schamane weiß aus sich nichts/
Er ist ein Unwissender/
Ihr gabt uns die Lieder/
Nun haben wir sie/
Ihr gabt uns das Wissen/
Nun haben wir es/
Wir handeln nach Euren Lehren/
Auf dem Wege der Tradition/
Leitet uns auf unbekannten Pfaden/
Und in unbekannten Dingen/

Den Hauptpfosten schützt am Boden ein Stück Weltenmatte. Neun Blatt-Trichter, in purifizierenden Kuhmist gesteckt, enthalten Wasser für die Hilfsgeister.

Parjit, erst seit einem Jahr initiiert und noch nicht ganz Herr seiner Helfer, beißt sich in den Arm, um die Einkehr des Lamageistes abzulindern, der ihn als Ausdruck des Ärgers die Trommel niederwerfen läßt. Erst der Meister vermag ihn ein wenig zu beruhigen.

Inzwischen ist die Plattform für die Geburt auf dem Hauspfahl hergerichtet worden und der Schamane Kathka bringt von draußen ein noch pulsierendes Widderherz an, die Materie gewordene Lebenskraft der Wiedergeburt.

Im Lebenswasser schwimmt die Kette aus Schlangenknochen. Die Zeit der rituellen Geburt verläuft in vorgeschriebener Stille. Die Novizin ist für sich. Mit verbundenen Augen und dem Herzen im Mund nimmt sie aus erhöhter Position in dieser Vollmondnacht Kontakt mit den Übernatürlichen auf.

Die Geburt eines neuen Schamanen erfolgt in der Regel im fetten Monat April, wenn die Temperatur am günstigsten ist, die Feldernten eingebracht und die Schafsherden von ihren Winterwanderungen heimgekehrt sind. Im Ausnahmefall wird sie auch auf eine vergleichbare Jahreszeit im Oktober festgesetzt.

Früh am Morgen des Festtags, noch vor dem ersten Hahnenschrei, ist eine Gruppe von Gehülfen insgeheim ins nördliche Gebirge gezogen, um den von der Initiantin im Traum bezeichneten Lebensbaum zu fällen.

Die Helfer gehören alle der in Schuld stehenden Klasse der Frauennehmer an. Sie auch haben den Stamm der Konifere bis zum Wipfel entästet und entrindet, um das spätere Besteigen des Baums, in einer kleinen Geste der Hinterlist, zu erschweren.

Kathka hat im Wipfel des noch liegenden Lebensbaums im Zustand der Trance eine Hexe entdeckt. Bevor sie nicht verscheucht worden ist, wäre es leichtsinnig, den Baum zu errichten. Diese Hexe ist ein negativer Doppelgänger des neuen Schamanen und am selben Tage geboren wie er. Sie ist nur darauf aus, all seine künftigen Maßnahmen als Heiler zu unterwandern.
Als Waffe gegen die Hexe setzt Kathka seine Trommel ein, die er in wilden Kreisbewegungen um sich schleudert. Dann läßt er sich am unteren Stamme des noch liegenden Lebensbaumes nieder und späht, wie von Kimme zu Korn einer Flinte, in dessen Wipfel, um die Manöver der Hexe zu verfolgen. In fiktivem Tibetisch teilt er einem Kollegen mit, was er sieht.
Trotz der geglückten Vertreibung der Hexe klingt Kathka's aggressive Stimmung den ganzen Tag über nicht ab.

Die physische Erscheinung von Hexen ist Gegenstand eines widersprüchlichen Disputs. Jeder Magar hat seine eigenen Vorstellungen. Der Volksmund ist sich einig darüber, daß sich Hexen am liebsten in Weiß kleiden. Manche von ihnen tragen Kleider aus Hanf oder Rinden und wenn sie menschliche Kleidung anlegen, die sie als Opfergabe bekommen haben, so ziehen sie diese von innen nach außen an, denn Hexen kehren die Dinge um. Ihre Münder sind rote Lefzen, die von Menschenblut triefen. Am Kopf tragen sie nachts ein rötliches Licht, dessen Beschreibung an eine Steigerlampe erinnert. Die Hexen können ihre meist anthropomorphe Gestalt auch gänzlich wechseln. Sie können sich in zahlreiche Tierarten verwandeln und sie können sich unsichtbar machen, erkennbar nur noch den Eingeweihten, den Schamanen, den Astrologen und Sehern.
Ein Schamanen-Lied wiederum beschreibt sie so:

Die Augen der Hexen sind solche des Falken/
Ihre Ohren haben die Form eines dreieckigen Regenschilds/
Ihre Nasen gemahnen an die Löcher der Pflugschar/
Ihre Hälse sind Gänsehälse/
Ihre Brüste sind die von Hennen/
Ihre Arme sind wie die Flossen der Fische/
Ihre Seiten ähneln denen der Wespen/
Und ihre Beine sind denen des langbeinigen Kranichs gleich/

In den Wipfel des Baumes hat man ein weißes Tuch gehängt, das die Hexen abhalten soll, dort zu nisten.

Im Haus der Novizin legt Beth Bahadur seine Rüstung an, die fast 15 Kilo schwer ist. Wegen der endlosen Tänze des Tags muß sie gelegentlich abgeschnallt werden. Die übernatürliche Kraft der Rüstung löst in jungen Schamanen beim Anziehen stets mächtiges Zittern aus.

Rama Puran Tsan, der Erste Schamane, war gestorben, seine Rüstung vermodert und sein Lied in Vergessenheit geraten. Keiner der sieben Söhne seiner jüngeren Frau hatte die Nachfolge angetreten.

Vergeblich hatten der Nordvogel versucht, die Leiche aus den Gluten zu bergen, der Tigergeist des Ostens, den Scheiterhaufen umzustürzen und die westliche Schlange, das Schamanengrab zu öffnen. Erst dem Wildschwein des Südens gelang es, mit seinen Hauern die Erde umzuschaufeln.

Da ließ sich am offenen Grab der einzige Sohn von Rama Puran Tsan's älterer Gattin nieder und hub an, sich ohne Unterlaß heftig zu schütteln. Er schien der Erwählte zu sein.

Dies stachelte die Eifersucht der jüngeren Gattin an, die den Stiefsohn auf seiner Suche nach der väterlichen Rüstung, statt ihm die Verstecke zu sagen, immer wieder in die Irre schickte.

Zitternd durchstreifte er das Land, ohne Zeit zum Essen und Trinken, den tückischen Berggeistern, den Ungeheuern mit den langen Ohren und den Malaria- und Fieberhexen ausgesetzt. Schließlich aber hatte er doch nahezu alles beisammen, bis auf den Haarzopf des Ahnen und die messingne Hauptglocke. Diese fand er, vom Vater im Traume geleitet, unter dem Feuer des Herds und am Hauptpfosten des Hauses. Nun war er gerüstet, seine Trancen zu meistern und den Geistern zu trotzen.

Auf dem Baume des Lebens trat er die erste Nachfolge des Ersten Schamanen an.

Die Tänze vom Haus der Initiantin zum Lebensbaum und zurück nehmen einen Großteil des Tages ein. Neunmal muß die ganze Strecke in beiden Richtungen tanzend zurückgelegt werden. Und am Baume selbst, den man mit magischen Stöcken und Dornengestrüpp gegen die übelwollenden Kräfte abgesichert hat, gibt es jeweils zusätzliche Einlagen von Tanz und Gesang.

Die Zuschauer, welche in großen Scharen aus den umliegenden Dörfern herbeigeströmt sind, um dem seltenen Schauspiel der Schamanengeburt beizuwohnen, beglaubigen diese durch ihre Anwesenheit.

Das Gesicht der Novizin ist am Tag ihrer Geburt ständig von der Präsenz der Geister gezeichnet.

Der verantwortliche Erbauer der Plattform, selbst ebenfalls aus der Klasse der Frauennehmer, unterzieht den Baum noch einer letzten Prüfung, bevor das Drama der Geburt seinem konzentrierten Höhepunkt zutreibt.

Aus dem Kreis der am Baume Versammelten springt die Initiantin plötzlich besessen auf und nimmt mit den Zähnen zweimal einen Teller hoch, der eine energiespendende Flüssigkeit enthält, die Essenz für die Trance. Derart animiert, stürzt sie aus dem Kreis, nach einem versteckt gehaltenen weißen oder braunen Widder Ausschau haltend, dem Opfertier für den Ahnen.
Den Widder besteigt sie zu einem symbolischen Ritt durch die Lüfte.
Dann beißt sie dem Tier in die Zunge.
Die Schlachtung vollziehen paternale und eingeheiratete Verwandte gemeinsam.

Den Kopf des geschlachteten Widders muß die Novizin im eigenen Mund zum Lebensbaum tragen, wo ihrer die erfahrenen Meister harren.
Hier wird der Widderkopf einem ihrer künftigen Lehrer übergeben, der ihn auf der Platform dem Ahnen darbringen wird.
Das Opfer des Widderkopfs an den Ahn von erhöhter Stelle aus öffnet der Initiantin den Weg in das Zwischenreich zwischen Erde und Himmel. Sobald der Tierkopf als Gabe angenommen ist, wird er fallengelassen.

Während Meister Bal Bahadur das Verbinden der Augen mit großen Blättern und einem weißen Turbantuch vorbereitet, klettert der andere Meister von der Plattform zum Wipfel des Baumes empor, um dort mit dem Mund zwei Zweige abzureißen.

Den einen Zweig bringt er als Beleg seines Himmelsanstiegs im eigenen Mund vom Baum herunter. Den zweiten läßt er zu Boden fallen, wo ihn ein dritter Schamane mit offener Trommel einfängt.

Beide Zweige werden zusammen mit dem zapplnden Widderherzen der Initiantin in den Mund gegeben, um ihren Himmelsanstieg zu eröffnen. Das pulsierende Widderherz ist die weitergereichte Lebenskraft früherer Schamanen.

Das Verbinden der Augen verweist darauf, daß die Neophytin ihren Himmelsanstieg nicht mit physiologischer, sondern mit visionärer Sicht antritt, – und dazu braucht sie nichts zu sehen.

Vor ihr steht ein Korb mit Geisternahrung, eine Mischung aus Getreide, Asche und Feuerstein. Sie hält üble Einflüsse ab.

Ein Mann aus der Klasse der Frauennehmer hat sie schließlich hochgehieft. Unmittelbar danach beginnt die Schamanenrunde ihren Tanz um den Baum in der Richtung des Lebens. Den Wechsel der Tanzrichtungen muß die Initiantin auf der Plattform exakt mitvollziehen, als Beweis dafür, daß ihr visionärer Blick nicht getrübt ist.

225

Ein anderes Mitglied aus der Klasse der Frauennehmer trägt zu allen diesen Tänzen eine versiegelte Kalebasse voran. Sie enthält gereinigtes Wasser und Magie für die neun hilfreichen Geister. Sie ist des Schamanen Lebensbegleiter. Als Ausdruck dafür, daß sie sich über das große Ereignis freut, tanzt sie in der Hand ihres Trägers mit.

Früher, so heißt es, sollen die tanzenden Kalebassen noch für einen anderen magischen Zweck eingesetzt worden sein: als Hexendetektor. Denn sobald eine Hexe eine tanzende Kalebasse sah, verlor sie den Verstand. Vom Wahnsinn befallen, ließ sie die Tätigkeit, der sie gerade als normale Frau nachging, – Kochen, Weben, Bierbrauen – einfach liegen und begann, selber wie wild zu tanzen. Ihr Hexentanz führte sie unweigerlich an einem öffentlichen Platze vorbei, – und so brandmarkte sie sich vor aller Augen selbst. Ein fatales Ereignis, bei dem ein tibetischer Schwarzmagier und zahlreiche Hexen zu Tode kamen, soll diesem Brauch ein jähes Ende bereitet haben. Möglicherweise war es jedoch das nepalesische Gesetzbuch von 1853, in dem ausdrücklich jede öffentliche Brandmarkung von Hexen mit Strafandrohung untersagt wurde, das bei den Magar den Hexendetektor tanzender Kalebassen zum Stillstand brachte. Schamanen werden sogar bei der Initiation darauf eingeschworen, niemals jemanden öffentlich der Hexerei zu zeihen.

Nach Abschluß der neun vorgeschriebenen Tanzrunden am Baum verstummen die Schamanen und ziehen mit den demonstrativ unter den Arm geklemmten Trommeln fort ins Dorf. Dort lassen sie sich im Hause ihrer Novizin auf einem ausgedehnten Bankett bewirten.

Die auf dem Lebensbaum allein zurückgelassene Initiantin sitzt für die Zeit ihrer Geburt auf der Plattform nach Norden gekehrt, der Heimat des Ersten Schamanen und von nun an auch die ihre.

Ihre Einsamkeit auf dem Baum ist ein Test: Als angehende Schamanin muß sie imstande sein, etwaige Attacken böser Geister allein zu bestehen. Wenn sie das nicht kann, ist sie ungeeignet und wird beim erstbesten Hexenangriff vom Baume herunterfallen.

Hexen, denen es nicht gelingt, sich auf den Lebensbaum eines Neophyten einzuschleichen und so als negatives Double mitgeboren zu werden, besteigen zu ihrer eigenen rituellen Geburt eine Brennesselpflanze.

Wenn das ausgedehnte Bankett zu Ende ist, kehren die Schamanen zum Lebensbaum zurück.

Zwischen den Schamanen und den Verwandten der Novizin, die zur Klasse der Frauengeber zählen, entbrennt ein halbwegs gespielter, halb ernster Streit um den Abstiegspreis. Alle Schamanen sind zäh im Feilschen.

»1 Rupie, unmöglich!«
»Bringt sie für 1 Rupie herunter!«
»Am liebsten ohne Geld, was?«
»1 Rupie fürs Runterholen!«
»Gut, wir bringen sie für 1 Rupie herunter und
ihr kauft uns für 1 Rupie 10 Liter Schnaps!«
»Der Hausherr soll Geld bringen!«
»Her mit dem Geld!«

Stimmt die Kasse, die vom Stummen Hund verwaltet wird, kann die neue Schamanin heruntergelassen werden.

Beim Abstieg bringt sie aus der Zwischenwelt Weissagungen mit, die Jagd, die Ernte, den Viehbestand betreffend.
Und noch einmal hebt das Feilschen an. Diesmal geht es um das Abnehmen der Augenbinde.
Mit drei Nadeln sticht Meister Bal Bahadur durch Blätter des mythischen *syergwa*-Baums auf die Augen der Initiantin hin. Er öffnet ihr den Blick, der sie von nun an befähigt, zwischen harmlosen und gefährlichen Lebewesen zu unterscheiden und Hexen als Erreger von Krankheiten zu erkennen.
Das Abwischen der Augen soll um ein weiteres Mal den Seherblick schärfen.

Um den Kopf herum zieren alle Novizen Ketten aus dreieckigen Silberplättchen, wie sie von kleinen Kindern bis zu einem Jahr getragen werden. Novizen sind Babies der Profession.

Der nächste Morgen nach der Geburt beginnt mit einem Mahl auf der Veranda der Initiantin. Man stärkt sich für den großen Sängerwettstreit, in dessen Verlauf der zeremonielle Freundschaftspakt zwischen den Heilern aufgehoben wird. Das Abschiedslied der Schamanen, vom neolithischen beat durch die Epochen getrieben, steigert sich schnell zum Wettsingen, darin, statt Vers und Echovers, improvisierte Anspielung und Antwort einander folgen. Verlierer ist, wem zuerst die Verse ausgehen. Dies kann Stunden dauern und zu einer Spaltung der Gruppe führen.

Unser Ahn, Gurai Babu, du gabst uns/
Die Lieder in Vergangener Zeit/

Im Goldenen Zeitalter/
Und im Religiösen Zeitalter/

Der Schamane ward geboren/
Auf dem nördlichen Lebensbaum/

Im Blinden Land/
Im Nördlichen Sektor/

Mit dem Schamanen kamen zur Welt/
Die 9 Gehülfen, ins Blinde Land/

Manche waren eifersüchtig auf uns/
An diesem undankbaren Ort/

Wo man Wissen mit Feindschaft begegnet/
Der Erste Schamane war traurig/

Als er zu Grabe ging/
Hatte er alles verloren/

Sein Sohn saß am Grab ohne Beistand/
Er zitterte und war unruhig/

Dann brachten die 9 Gehülfen/
Den Lebensbaum aus dem Norden/

Am Vollmond des Montags/
Am Vollmond des Dienstags/

Er ward gerichtet/
Für den neuen Schamanen/

Und so lebten die Väter/
Und Ahnen aufs Neue in ihm/

Sie wurden erneut eingeschworen/
Auf diesen Lebensbaum/

Auch der Stumme Hund/
Wird dem Neugeborenen helfen/

So können wir unsre Geschenke nehmen/
Den Turban und die Fußgabe/

Und lösen den Pakt der Freundschaft/
Und voneinander Abschied nehmen/

Verschont uns vor Angriffen/
Ihr Ahnen und Hilfsgeister/

Denn wir waren geboren/
Auf Eurem Baume des Lebens/

Der Baum ist unser Begleiter/
Im Leben und im Tode/

Das Umlegen des Lebensbaums bewerkstelligen wieder die Frauennehmer, die ihn mittels Geld, das an die Versammlung der Schamanen geht, für 50 Rupien käuflich erwerben. An den Baum ist nun auch, zusammen mit einem Stück *lo*-Matte, der kleine Lebensbaum des Innern gebunden, – denn beide sind eins.

Das Loch wird im Tanze zugescharrt, damit vom Ereignis der Geburt für die Hexen und den Herrn des Sumpflands keine sichtbaren Markierungen übrigbleiben.

»Bring ein Messer! Ich will schneiden.«
»Mach gute Schnitte!«
»Schneid gleiche Stücke!«
»Ich mach es schon richtig.«
»Halt dich raus!«
»Wir Schamanen kennen die Regeln.«
»Hier sind wohl alle Messer stumpf! Gibt es hier keine Schmiede?«
»Wer ist der Gurdenträger? Hier ist sein Anteil. Gib ihn seiner Frau dort!«
»Steck dies in Bal Bahadur's Sack!«
»Steck das Fleisch auf Bambusspieße!«

Die Opfertiere, hier ganze drei Widder, werden von Beth Bahadur's geübter Hand zerstückt und unter die Schamanen und ihre Helfer verteilt.

Das gleiche gilt auch für das zusammengefeilschte Geld. Auf jeden Schamanen entfallen, neben einem guten Stück Lende oder Schaschlik, ganze drei bis fünf Rupien, der magere Lohn für drei Tage und zwei Nächte Initiationsarbeit.

An den in Mustern angeordneten Schaschlikhaufen läßt sich die Zahl der an der Initiation aktiv Beteiligten abzählen.

Dem Schamanen Parjit sind im Verlauf der anstrengenden Tage die Nerven durchgegangen, und Man Bahadur bemüht sich, ihn mit der magischen Wurzel *kucar* ein wenig zu beruhigen.

In zeremonieller und wirklicher Rührung gibt er zu erkennen, wie traurig ihn die Auflösung des Freundschaftspakts zwischen den Schamanen gestimmt habe. Den ihn beschwichtigenden Berufskameraden droht er sogar, die Halskette abzulegen, das Signet seiner Berufung. Der Zusammenhalt des Sinns hat sich in der Erschöpfung aufgelöst.

Beim letzten gemeinsamen Umtrunk vor dem Dorf sind die magischen Stöcke ins Feld gesteckt. Hier beschwören die Schamanen die Einigkeit untereinander. Denn sie wissen, vielleicht besser als andere, daß aller Frieden nur Schein ist, der zwischen Menschen und Übernatürlichen, zwischen Schamanen und Klienten, zwischen Schamanen und Schamanen. Besonders mißtrauen sie dem Frieden mit der äußeren Macht, der ja bereits der Erste von ihnen, Rama Puran Tsan, schmählich unterworfen worden war. Ihr eigener Anspruch auf Macht zielt ausgesprochenermaßen nicht auf politische Belange des Dorfes oder gar überregionale. Ihr Anspruch zielt auf die Macht der Magie und die Wirkung der Heilkräuter, mittels derer Gefahren und Krankheiten eingedämmt werden können, welche die launischen Geister über die Menschen beim ersten besten Anlaß verhängen. Deshalb nehmen sie die korrekte Unterweisung in die Lehren ihres geheimen Wissens und ihrer Gesänge wichtig, die allein den Fortbestand ihres Anspruchs sichert.

»Wir brauchen Solidarität unter
uns Schamanen. Sonst geht nichts.«

»Ihr habt die Initiation gut gemacht.
Ihr werdet mit unsrem Dank zufrieden sein.«

»Wir sind vereint.«
»Wir müssen eine Einheit bilden.«
»Laßt uns heimgehen!«
»Es wird auch schon kalt.«

Als Abschiedsgeschenk überreicht Meister Man Bahadur seiner künftigen Schülerin in einer stillen Ecke einen geheimen Spruch und ein Kraut des Himalaya.
Andere Meister haben das gleiche getan.

Anfangs lebten in einem der Dörfer nur Frauen auf Erden. Denn jedesmal, wenn der Gott einige Männer zur Erde entsandte, kehrten diese eiligst an den überirdischen Ort zurück: Die Dinge dieser Welt sagten ihnen nicht zu. Dies wiederum mißfiel den Frauen. Deshalb ersannen sie eine List, um die Männer an sich zu binden. In ihren Brusttaschen versteckten sie Tabaksblätter und als bei nächster Gelegenheit wieder ein paar Männer zur Erde stiegen, fragten die Frauen sie: »Wollt ihr Tabak rauchen? Seht her, wir haben welchen.« Und die Männer griffen in die Brusttaschen der Frauen. Dabei berührten sie deren Brüste. Die Berührung der Haut entfachte ihre Lust, die sie fortan zu den Frauen trieb. Die Kinder, die aus derlei Verbindungen hervorgingen, sind die Ahnen der heutigen Magar in jenem Dorf.

Um die Liebe zwischen den Geschlechtern zu bedeuten, legen noch heute die Männer eine ausgestreckte Hand auf die weibliche Brust.
Gegen Ende der Initiation sind Man Bahadur und Kathka vom Rausch der Ereignisse und der schlaflos verbrachten Zeit derart den Ansprüchen der Etikette entrückt, daß sie offen einer Frau aus dem Gastgeberdorf zum Spaß die Geste der Zuneigung entbieten.

Den heimziehenden Schamanen gehen die Gehülfen voran, mit den Schafsdecken deren Rüstungen verhüllend. Fortan wird wieder eine Rüstung mehr über die Pfade des Blinden Lands getragen werden.

Dem Raben sind seherische Fähigkeiten zu eigen. Er liest die Zukunft aus einem Buch der Natur. Die Blätter eines Baums sind die Seiten dieses Buchs und deren einzelne Adern die Zeilen. In der kalten Jahreszeit rezitiert er das Künftige aus dem Gedächtnis.

Bal Bahadur deutet die Weissagung eines Raben:

»*Er sendet; – aber die Nachricht*
ist noch nicht da.«

»*Der Rabe sagt: Im Westen ist jemand gestorben.*

Aus dem Süden wird ein guter Mensch kommen.

Im Westen wird heute Regen fallen.
Das wär's, das ist soweit alles.«

»*Was sagt der Rabe über unsere Filmarbeit?*«

»*Eure Arbeit ist gut. Sie wird im Osten erfolgreich sein.*

Mehr hat er noch nicht gesagt.«

»*Wie wird die Filmarbeit gehen?*«

»*Gut. Es wird sehr gute Arbeit sein.*

Aus dem Westen kommt schlechte Nachricht
über den Tod eines Menschen und einer Kuh.

Eure Arbeit wird auch im Süden Erfolg haben.
Später wird sie diesem Dorfe nützen.

Von Osten, nein Westen, wird eine große Persönlichkeit kommen.

Im Süden wird eine Rinderpest ausbrechen.
Das ist alles; Ende.«

Zum Buch

An den Leser!

Das hier ausgebreitete Bilderbuch *Schamanen im Blinden Land* ist entstanden in unmittelbarem Zusammenhang mit dem titelgleichen Dokumentarfilm über die magischen Heiler der Nördlichen Magar im westlichen Zentral-Himalaya. Es ist die Fortführung einer bildlichen Dokumentation in einem anderen Medium.
Das Buch bietet auf den linken Seiten den integralen Kommentartext des Films, das vollständige Drehbuch, das gelegentlich geringfügig erweitert wurde. Die rechten Seiten sind für die Standphotographie reserviert. Der fortlaufende Text ist abwechselnd in zwei Typen gesetzt worden, die auf die unterschiedlichen sprachlichen Ebenen verweisen sollen, auf welchen sich die Erzählung fortbewegt. Die *Kursivschrift* gibt vorab mythologische Textpartien wieder, die Normalschrift den ethnologischen Kommentar, die Erklärung zu den Bildern. Dieses Wechselspiel zwischen Mythos und Beschreibung im Film und im Buch reflektiert einen auffälligen Sachverhalt im realen Leben der Gesellschaft, der hier die Aufmerksamkeit geschenkt wird: Bei den Magar helfen die Mythen, gegenwärtiges Handeln zu erklären, zu kodifizieren und zu rechtfertigen. Es gibt buchstäblich nicht eine einzige rituelle Aktion heutiger Schamanen, die nicht bereits in einer mythologischen Geschichte vorgeprägt wäre. Deshalb sind die Mythen, auch wenn sie Erstes Geschehen vortragen, unmittelbar an das gegenwärtige Leben und seinen Alltag angeschlossen, – und wenn man von diesem berichtet, kann man legitimerweise auf jene zurückgreifen, sich auf sie berufen.
Die in Kursivschrift eingeflochtenen Mythen sind paraphrasierte Nacherzählungen langer schamanistischer Gesänge in Versform, von denen einige auszugsweise auch hier in direkter Übersetzung

aufgenommen wurden. Die Entscheidung, wann der direkten Übersetzung paraphrasierte Nacherzählungen vorgezogen wurden, lag im Filmmaterial begründet. Wenn etwa ein schamanistisches Sängerpaar – der Meister als Vorsänger, der Schüler als Repetitor der Verszeilen – für eine längere Einstellung oder Einstellungssequenz das Bild dominierte, wurde der direkten Versübertragung der Vorzug gegeben, wenn es dagegen darum ging, zu einer im Bild festgehaltenen Tätigkeit das mythische Pendant, ihre Entstehungsgeschichte und ihr *Vor*bild zu liefern, wurde der entsprechende epische Gesang gerafft in Prosa nacherzählt. Neben den Beispielen aus den Versepen und den nacherzählten Mythen wurden schließlich Partien direkter Rede in kursiver Schrift in den fortlaufenden Text verwoben, wenn dies dem gegenüberliegenden Foto zugute kam. Aussprüche solcher Art stammen vom Synchronton des Films, es sind wirklich ausgesprochene Sätze; im Film erscheinen sie als Untertitel.

Die Abfolge der Standfotos auf den rechten Seiten des Buches zieht ihren roten Faden aus dem Kommentartext der linken. Mit diesem Verfahren, das mit seinen 120 ausgewählten Fotos noch einmal den ganzen Filmablauf evoziert, wurde sowohl der verbreiteten Willkür von Fotosequenzen entgegengewirkt, als auch einer steifen und angestrengten Ordnung nach Sujets. Gleichwohl entbehrt die gewählte Bildfolge keineswegs eines festen Arrangements. Sein Prinzip ist das vom anthropologischen Sinn getragene Nacheinander thematischer Blöcke. Länge, Gegenstand und Zahl dieser thematischen Blöcke kann aus der Inhaltsangabe ersehen werden, da sie jene schlichtweg nennt.

Bereitet die Sequenz von Bildern innerhalb eines solchen thematischen Blocks, sagen wir einer bestimmten Séance oder der Feldbestellung und der Ernte, keine besondere Schwierigkeit, so sind die Übergänge von einem thematischen Block zum nächsten naturgemäß problematischer. Wie derartige Übergänge sich tatsächlich aus den Gegebenheiten der Ethnographie anboten, mag an ein paar Beispielen verdeutlicht werden. Es finden sich etwa folgende Juxtapositionen: Auf Szenen einer Jagdexpedition folgt eine bestimmte Heilungsséance; auf Bilder der zyklischen Wanderungen von Schafsherden, die für die Ökonomie wichtig sind,

Sequenzen, die vom Tode handeln; auf eine Folge, die vom Fischfang berichtet, wieder eine bestimmte Heilungsséance, – die Verbannung des Geists der Weißen Kreide –, der eine andere, die den Tod von Kleinkindern betrifft, unmittelbar angeschlossen ist; und der Herstellung und Übergabe einer Schamanenkette folgt die große Initiation. Wie erklären sich derlei Übergänge?

Im ersten Fall habe ich eine Tätigkeit der Subsistenzwirtschaft, die Jagd, mit einer medizinisch-religiösen in Verbindung gebracht, der Exhalation eines Krankheitserregers aus einem Körper, – weil in beiden Fällen der unsichtbare Hauptagent der gleiche ist: der den Menschen gegenüber ambivalente *Geist der Jagd*. Er ist es, der über das Jagdglück der Jäger entscheidet; er ist es, dem die Jäger im Anschluß an eine erfolgreiche Jagd zu reichhaltigen Opfergaben verpflichtet sind, er, der bestimmte Krankheiten erzeugen kann, wenn die Beziehungen zu ihm gestört sind, indem er magische Pfeile in die Körper seiner Opfer einführt, – der hier vorgeführte Fall.

Die nächste Verschränkung, eine andere ökonomische Tätigkeit (Transhumanz der Schafe) mit einem transzendentalen Konzept (Jenseitsvorstellungen), ergab sich aus dem Tatbestand, daß die Magar das Modell der Totenwanderung aus der Praxis der zyklischen Migrationen ihrer Schafs- und Ziegenherden anschaulich entlehnen. Der Weg, den ein Verstorbener vom physischen bis zum sozialen Tod, zur Neutralität eines Ahnen, zurücklegt, wird gesehen in Bildern der jährlichen Wanderbewegungen der Herdentiere und die Maßnahmen, die für diesen Weg zu treffen sind, gelten daher in beiden Fällen als gleich: Leithammel und Trägertiere werden benötigt sowie Reiseproviant. Die genannten Routen der Schafsherden im Jahreszyklus, – winters in den warmen Süden der indischen Ebene, sommers auf die nördlichen Hochalmen –, haben im übrigen ihre topographischen Entsprechungen in den rituellen Reisen der Schamanen im Verlauf bestimmter Séancen. Auch hier wird ein bekannter, weil real erwanderter Raum für einen ansonsten unbekannten der transzendenten Geographie eingesetzt.

Das vermittelnde Dritte, das es erlaubt, den Fischfang mit zwei wichtigen Heilungstypen in Verbindung zu bringen, ist ein

Gegenstand der Ergologie: das Fischernetz. In ihm werden nämlich nicht nur die Fische aus dem Fluß gezogen, es dient auch dazu, eine gefährdete Verwandtengruppe vor den Attacken des *Geists der Weißen Kreide* und vor denen des *Kindergeists Ra* unter seinem Spann zu schützen. In diesem Falle borgt also der Ritus ein ganz gewöhnliches Fabrikat des profanen Lebens für die symbolische Signifikation des Schutzes aus, und es ist der Gegenstand *Netz,* der die Juxtaposition sinnfällig macht. Das Nebeneinander der beiden Séancetypen, in denen ein solches Netz benötigt wird, – und nur in diesen beiden wird es benötigt –, läßt sich zudem aus der Mythologie herleiten: der Protagonist der einen ist mit dem Protagonisten der anderen verwandt.

Die Übergänge von einem thematischen Block zum nächsten ergeben sich freilich nicht nur aufgrund solcher versteckter Zusammenhänge, wie sie alle religiösen und weltlichen Lebensäußerungen durchwirken, sondern oft auch ganz einfach aus einem realen zeitlichen Nacheinander. Bevor ein Initiant etwa als Neophyt auf dem Baume des Lebens rituell geboren werden kann, muß er eine Serie von Tests erfolgreich bestanden haben, müssen seine Paraphernalien zu festgeschriebenen Zeitpunkten hergestellt und konsekriert worden sein. Die Übergabe der Schamanenkette liegt zeitlich unmittelbar vor der großen Initiationsfeier. Es bot sich daher an, dieses Nacheinander auch in der Dokumentation beizubehalten.

Die angedeutete Beziehung, die Text und Bild im vorliegenden Buch zueinander unterhalten, enthebt den Verfasser des selten befriedigend gelösten Problems von Bildunterschriften. Der Text des fortlaufenden Kommentars ersetzt sie, ohne dabei seine Eigenständigkeit als sprachliches Produkt aufzugeben. Er dient dem Bild da, wo der Sinn eines abgelichteten Gegenstands oder einer Handlung nicht sichtbar ist; und dies ist im Bereich des Symbolismus die Regel. Man hat in solchen Fällen die Wahl, entweder die Bedeutungsebene auszuklammern, zu verschweigen, was das Bild meint; dabei gewinnt es selbst an Autonomie, seine ästhetische Dimension kehrt sich hervor. Oder man hat die Möglichkeit, das Bild soweit mit Erklärungen zu umstellen, daß es beginnt, selbst zu verschwinden. Die eine Lösung führt zur

schönen Oberfläche der Kunstphotographie, die andere zur akademischen Totquatscherei.
Oft endet das Verhältnis zwischen Bild und Bezeichnung in der Tautologie. Man kann diese Hilflosigkeit bis in die Bildunterschriften der Malerei zurückverfolgen. Man sieht einen Teller mit Früchten und das Gemälde heißt: *Stilleben – Teller mit Früchten*. Für das vorliegende Bilderbuch habe ich darauf geachtet, das Verhältnis der sprachlichen zur visuellen Seite so zu gestalten, daß jede für sich selbst sprechen und gegebenenfalls für die andere eintreten kann. Dies ist einer der Gründe für die Gegenüberstellung von Text und Bild auf linke und rechte Seiten.

Die Bilder dieses Bandes verstehen sich programmatisch als Dokumentarfotos. Sie sind größtenteils beim Drehen des Films entstanden, einige sind sogar direkt dem Filmmaterial entnommen, von 16 mm Colornegativ auf Schwarzweiß-Positiv umgekehrt worden. Sie verdanken folglich ihre Existenz gleichen Umständen. Die Arbeitsbedingungen vor Ort waren solcherart, daß an eine ausgefeilte Kunstphotographie gar nicht zu denken war. Dazu lösten die Ereignisse einander viel zu rasch ab, dazu war in den engen Behausungen meist nicht genügend Bewegungsfreiheit. Es handelt sich daher um Aktionsphotographie. Fragen der Bildkomposition, der Tiefenschärfe und des Filterns treten bei dieser Art des Dokumentierens in den Hintergrund zugunsten eines fortwährenden Schwebezustands von simpler Ungewißheit: Was geschieht als nächstes? Werde ich wach und schnell genug sein, den rechten Augenblick eines unwiderbringlichen Handlungsablaufs zu erfassen? Der Dokumentarist, wie ich ihn verstehe, greift ins Geschehen des realen Lebens niemals ein, er stellt nicht, er stellt nicht nach, er stellt sich selbst nicht als den Hauptgegenstand seiner Arbeit vor, er retuschiert nicht.
Aus dieser Haltung des Dokumentaristen erklärt sich die Widmung des Films an Maya Deren, die vor mehr als dreißig Jahren den Rückzug aus dem fiktionalen und die Hinwendung zum dokumentarischen Experiment historisch vorweggenommen und persönlich als eine Weiterentwicklung empfunden hatte, sowohl in Hinsicht auf ihren selbst nicht nachbearbeiteten Film: *The*

Divine Horsemen – The Voodoo Gods of Haitii, wie auf ihr gleichnamiges Buch. In dessen Vorwort notierte sie: »Ich hatte als Künstler begonnen, als jemand, der die Elemente einer Realität im Bild seiner schöpferischen Integrität manipuliert und in ein Kunstwerk umsetzt; ich ende damit, daß ich, so bescheiden und genau wie möglich, die Logik einer Realität aufzeichne, die mich ihre eigene Integrität anzuerkennen und meine Manipulationen aufzugeben zwang.«

Die Haltung des Dokumentaristen bestimmte auch die Entscheidung, alle Fotos in den Proportionen der vollständigen Negative zu reproduzieren; kein einziges von ihnen ist der Schönheitsoperation der partiellen Vergrößerung unterworfen worden; keines ist beschnitten. Und die Bilder stehen dem ethnographischen Sujet näher als jedwelcher Ästhetik vom Schönen Bild. Diese wird heutzutage in weitem Maße von Organen wie Geo, Time/Life und National Geographic geprägt und propagiert. Die Kodak-Hochglanz-Philosophie einer solchen photographischen Praxis ist derart durchgreifend, daß alle Bilder gleich aussehen, egal ob es sich um eine Wanderdüne in der Sahara handelt, einen Tibeterhut aus Ladakh oder badende Frauen in Tahiti. Die Attitüde, die in solchen Bildern durchschlägt, ist exotisierend und romantisierend. Sie ist dramatisierend und veredelnd. Sie ist verfälschend. Farbe ist ihr Lippenstift.

Die hier präsentierten Aktionsbilder über das Leben der Magar und ihre religiösen Protagonisten, die magischen Heiler, – in ihrer eigenen Sprache *rama* oder *gescheckte Vögel* genannt, – sind funktionale Photographien. Ihr Anliegen ist die angemessene anthropologische Mitteilung. Wenn darüber hinaus einzelne Bilder mitunter als schön empfunden werden, – und eine Reaktion solcher Art würde mich nicht betrüben –, so ist dies eher den Leuten und ihrer Landschaft zu danken, von denen das Buch berichtet, als dem, der sie zufällig ausgelöst hat.

Der Film *Schamanen im Blinden Land,* dessen Standfotos im vorliegenden Buch vereint sind, ist ein filmisches Epos von nahezu vier Stunden Länge. Er wurde 1976 konzipiert, in den Jahren 1978 und 1979 vor Ort gedreht und 1979/80 in Köln und New York geschnitten und nachbearbeitet. Seine Uraufführung fand am 15. 10. 1980 im American Museum of Natural History in New York statt, seine deutsche Erstaufführung am 18. 2. 1981 im Rahmen des Internationalen Forums des jungen Films auf der Berlinale in Berlin. Am 4. 4. und 11. 4. 81 wurde er erstmals vom WDR III im Fernsehen ausgestrahlt. Wichtige andere Daten seiner Aufführung im ersten Jahr: 12. 10. 1981 Dokumentar-Filmfestival von Nyon/Lausanne; 6. Dezember Festival dei Popoli, Florenz; Vollmondnacht des Monats *mangsir* 2038 Bikram Samvat auf einer Wiese vor dem Hauptdorf der Magar.

Der Film ist das erste Produkt einer ethnographischen Tetralogie über das Himalayavolk der Nördlichen Magar und ihre schamanistischen Praktiker, als deren zweites das vorliegende Buch angesehen werden mag. Dem Bilderbuch kommt dabei eine Mittlerstellung insofern zu, als es dingfest visuelle und literarische Intentionen der dokumentarischen Arbeit in sich vereint. Es leitet den Übergang von der bildlichen zur sprachlichen Beschreibung eines aus mehreren Perspektiven betrachteten anthropologischen Gegenstands ein. Es ist ein Manifest solcher Art von Dokumentararbeit und wie der Film ein Exempel visueller Anthropologie.

Die beiden noch folgenden und mittlerweile in Angriff genommenen Teile der geplanten Tetralogie werden im einen Falle die Mythologie der Magarschamanen behandeln, im anderen die Beziehungen, die diese mit dem Ritual und dem Alltagsleben unterhält. Die Präsentation der Mythen soll unter dem Titel *Epische Nächte* erscheinen und in philologischer Manier die mündlichen Überlieferungen vereinen und kommentieren, wie sie in den nächtelangen Séancen der magischen Heiler in Gestalt epischer Gesänge gepflogen werden. Die abschließende Arbeit, die summa, mit dem vorläufigen Arbeitstitel *Die Magar aus dem Norden* wird dann untersuchen, in welcher Weise das Phänomen des Schamanismus sich an überschaubarem Ort einer gelebten gesellschaftlichen Ordnung einfügt, diese spiegelt und mitbestimmt.

Die Bezeichnung *Blindes Land* ist der mythologische Name für den seit alters umrissenen Lebensraum der Nördlichen Magar.

Der Name hat einen abschätzigen Zug. Wenn die Schamanen von heute ihn im Gespräch erwähnen, verweisen sie auf seine Assoziation mit dem Vierten Zeitalter, dem finsteren Zeitalter der Gegenwart, in dem nicht alles zum besten steht. Die Menschen dieser Epoche gelten als dumm und bösartig, kränkelnd und kurzlebig. Sie sind von Blindheit geschlagen, ihr Land ist folglich ein blindes Land. Das einzige Licht in dieses moralische und physische Dunkel vermögen die Schamanen zu werfen, deren uraltes Wissen dazu angetan ist, das Land davor zu bewahren, ganz und gar dem Niedergang zu verfallen. Die Bezeichnung Blindes Land spielt somit an auf die Notwendigkeit der schamanistischen Existenz.

Der geographische Lebensraum der Nördlichen Magar wird im Norden vom Naudāṇḍā Lekh der Himalayahauptkette mit den östlichen und westlichen Landmarkierungen des Dhaulāgiri und des Hiūchuli Pātan begrenzt und im Süden von den grünen Höhenzügen der Jaljalā-Nisāne Dhuri im Mittelgebirge. Die Siedlungen beschränken sich vor allem auf die Flußtäler des Uttar Ganga und Sānu Bheri und ihre Nebentäler. Die Bevölkerung der Nördlichen Magar mag auf etwa 30 000 Mitglieder geschätzt werden. Ihre Homogenität und Eigenart wird von einer nur ihnen eigenen Sprache bestätigt und intakt gehalten. Diese Sprache, *kham* genannt, gehört zu dem westbodischen Zweig der tibeto-birmanischen Sprachfamilie. Doch nicht nur in sprachlicher Hinsicht setzen sich die Nördlichen Magar deutlich von anderen mit dem gleichen Etikett Magar versehenen Populationen ab, die Unterschiede durchziehen praktisch alle kulturellen Äußerungen. Verkürzt gesagt, lassen sich die übrigen Gruppen als hinduisierte Magar kennzeichnen, ein Einfluß, der bei den nördlichen nur ansatzweise vorhanden ist.

In wirtschaftlicher Hinsicht sind die Nördlichen Magar weitgehend autark. Die Stützen ihrer Ökonomie sind Landwirtschaft und Pastoralismus. Letzterer scheint in die Vergangenheit weiter zurückreichende Wurzeln zu haben. In diachronischer Perspektive – und zugleich aufgrund ihrer Wirkung, wenn sie einem, in ihre schweren Wolldecken gehüllt, tatsächlich begegnen – könnte man die Magar als Hirtenvolk klassifizieren, eine Charakterisierung, die in dieser Einfachheit heute den Fakten nicht mehr ganz entspricht. Gleichwohl bleibt die Zucht von Schafs- und Ziegenherden und die mit ihr verbundene, saisonbedingte Transhumanz das auffälligste Merkmal im jahreszyklischen Ablauf des wirtschaftlichen und gesellschaftlichen Lebens.

Die Schafs- und Ziegenherden der Nördlichen Magar zählen zu den größten in Nepal. Sie werden allenfalls noch von denen der östlichen Gurung (Rumjatār) zahlenmäßig erreicht. Einer Schätzung zufolge gehören zum Raum der hier vornehmlich dokumentierten Dörfer ca. 40 000 Herdentiere, die auf mehr als 1000 Einzelbesitzer entfallen. Die größten Herden eines einzelnen Besitzers zählen über 1000 Tiere, die kleinsten kaum ein Dutzend. Fast jeder Haushalt hat in dieser Gegend eigene Schafe oder Ziegen.

Diese Herden werden jährlich auf zyklische Wanderungen von beträchtlichem Ausmaß geschickt, vom Troß der Besitzerfamilien begleitet oder von verdingten Hirten. In den Monaten des Sommermonsuns weiden die Herden, meist nur von ein paar Hirten bewacht, auf den Hochalmen oberhalb der Baumgrenze, die im Himalaya durchschnittlich bei 4000 m ü. d. M. verläuft. Die längste Zeit des Winters sind die Herden unterwegs, auf der Migration in den wärmeren Süden, ins Terai oder Innere Terai von Dāng, Deokhuri, Banke und Surkhet. Nur zweimal im Jahr kreuzen sie auf ihren nordsüdlichen Wanderwegen für kurze Zeit den heimatlichen Boden des Dorfes, wo sie geschoren werden. Diese weitgestreckten Oszillationen der wandernden Schafs- und Ziegenherden, eine Transhumanz auch von großer zeitlicher Spanne, ist einschneidend für die gesamte Wirtschaft der Nördlichen Magar und die demographischen Bewegungsabläufe der Bevölkerung. Im Winter sind die Dörfer zur Hälfte verlassen, zur Zeit der durchziehenden Herden voll belebt und reich an gesellschaftlichen Ereignissen. Einen Teil des Sommers verbringen die Dörfler, unabhängig von ihren Schafsherden, in Sommersiedlungen oberhalb des festen Hauptdorfs. Der Begriff der *variations saisonnières,* den Marcel Mauss einführte, um die gesellschaftliche Bedeutung in den jahreszeitlich bedingten ökonomischen Umstellungen der Eskimos zu charakterisieren, trifft daher in vollem Maße auch auf diese Bevölkerung zu. Die winterlichen Wanderungen an die Peripherie der indischen Märkte werden zudem als Anlaß genommen für einen regen Tauschhandel: Mais gegen Reis, Wolle und Schafe gegen Stoffe ausländischer Manufaktur und gegen Produkte wie Taschenlampen, Batterien, Plastikeimer.

Die Landwirtschaft, der die Magar heute alle in der einen oder anderen Weise nachgehen, ist, mythologisch gesprochen, Domäne eines einzigen Clans. In dieser Spezifizierung dürfte ein ehemaliger Sachverhalt angedeutet sein, nämlich der, daß sie nicht immer von vorrangiger Bedeutung war. Und wenn man die beiden wichtigsten Anbaufrüchte für die Grundnahrung erwähnt, den Mais und die Kartoffel, so scheint sich dies zu bestätigen, denn beide sind verhältnismäßig rezenten Ursprungs im Himalaya. Der Reis dagegen, die klassische und beliebteste Grundnahrung Asiens, auch von den Magar hoch geschätzt, wird nicht nur wegen der Höhenlage ihres Bodens vernachlässigt; die nötigen Kenntnisse eines verfeinerten Kanalisationssystems, die für den Reisanbau eine Voraussetzung wären, fehlen, ebenso wie nahezu gänzlich die Praxis einer Felderwirtschaft mit Fruchtwechsel. Wo sie in Ansätzen existiert, ist sie nicht systematisch, wie bei den Magar des Kāli Gāṇḍaki. Trotz dieser Spuren einer Nicht-Agri-Kultur ist die Landwirtschaft für die Subsistenz von entscheidender Bedeutung. Neben dem erwähnten Mais und der Kartoffel bauen die Nördlichen Magar diverse Sorten von Weizen an, Roggen, Hirse, Sojabohne, Senf und Jams.

Jagd und Fischfang spielen eine für die Gesamtwirtschaft der Nördlichen Magar begrenzte, aber auffällige Rolle. Insbesondere die Jagd besitzt ein Raffinement in der aktuellen Ausübung und den rituellen Vorbereitungen, das die kulturelle Bedeutung dieser Aktivität deutlich hervortreten läßt. Die beliebteste Form der Jagd ist die Treibjagd mit besonders für diesen Zweck abgerichteten Hunden. Die Treibjagd ist ein geselliges Unternehmen, das allen Teilnehmern, Teams aus etwa einem Dutzend Leuten, sichtliches Vergnügen bereitet. Nicht die Zwänge der Beschaffung von Nahrungsmitteln charakterisieren diesen Zeitvertreib, sondern die Leidenschaft des Jägers. Als Beute bringen die Jäger von ihren Jagdzügen ins Gebirge verschiedene Arten von Rotwild heim, seltener Wildschweine, Bären, Wildziegen, Blauschafe oder Moschus (*kasturi*). Das Blauschaf dieser Region zieht in jüngster Zeit auch die internationalen Großwildjäger des Safari-Tourismus an, die in Hubschraubern in sonders eingerichtete Camps auf einsame Höhen eingeflogen werden. Deren Trophäensucht bewirkt mit den rücksichtslosen Abknallereien ein Ungleichgewicht in der Ökologie des Wildbestands von unabsehbarem Schaden für die Magar. Ähnliches läßt sich auch vom Moschuswild berichten. Hier ist es die Profitgier, die zur Dezimierung der Spezies führt. Denn die Fettdrüsen dieser Tiere bringen auf den Parfümbörsen von Paris, New York oder Tokio astronomische Summen ein.

Als Jagdwaffen verwenden die Magar Flinten von der Bauart der Vorderlader mit Lunte und Pulver. Sie ersetzen fast vollständig den ehemaligen Gebrauch von Pfeil und Bogen. Für den Fang von Fasanen von der Untergattung des Lophophorus impejanus, (*dāphe* oder *monal*), dem neunfarbigen Nationalvogel Nepals, werden auf den Bergkämmen Schlingfallen mit Schnappmechanismen aufgestellt. Dieser verhältnismäßig seltene Vogel ist insbesondere für die Schamanen von Bedeutung, da seine Federn in großer Zahl für die Paraphernalien benötigt werden: für die obligatorischen Federkronen der Initiierten und ein bestimmtes Exorzismus-Instrument der Heiler.

Der Fischfang ist eher bescheiden. Er beschränkt sich auf die Flüsse und Sturzbäche und wird besonders gern von älteren Männern betrieben. Seine Hauptsaison fällt in die Monate Januar bis April. Als Instrumente kommen Bambusangeln mit Schnüren aus Pferdehaar oder Nylon zur Anwendung, Netze, Reusen und Barrieren, aus Bambus geflochten. Innerhalb solcher Barrieren werden die Fische mit der giftigen Wurzel *kayu* betäubt und dann mit der Hand gefangen.

Nebst Fischern, Jägern, Hirten und Bauern sind die Nördlichen Magar auch Sammler. In den inzwischen beträchtlich reduzierten Wäldern oberhalb ihrer Dörfer pflücken sie Heilkräuter, sammeln sie Wurzeln und Pilze, lesen sie Beeren. Eine besondere Stellung bei derartigen Kollekten kommt der Ernte von wildem Honig zu, da auch sie in ein religiöses Ritual eingekleidet ist. Die Jahr für Jahr an den gleichen Felsenkliffs hängenden Waben gelten als erbliches Eigentum bestimmter Clangruppen, derer, die sie als erste entdeckten. Die Kollekte des wilden Honigs ist sehr gefährlich und deshalb von tragischen Geschichten umwoben. Daneben halten die Familien individuell Bienen in ausgehöhlten Baumstämmen vor ihren Häusern. Aroma und Süße des Honigs, unvergleichbar gegenüber den Schleuderprodukten westlicher Fabrikate, werden aufgrund des Mangels an Süßstoffen hoch geschätzt.

Einzelne pflanzliche Gattungen bringen bisweilen als Objekte der Sammlertätigkeit plötzliche Hochkonjunktur und beeinflussen in beträchtlichem Maße das Gleichgewicht der Gesamtwirtschaft. Die Anstöße dafür kommen von außen. So wurde vor einigen Jahren indischen Kaufleuten bekannt, daß in den Wäldern des Magarlandes eine Wurzel wächst, die angeblich für die Seifenherstellung von großem Wert ist. Vermutlich ist sie es für die pharmazeutische Industrie – und die offizielle Version ist nur ein Deckmantel. Auf jeden Fall setzte eine goldgräberische Hektik ein, mit der die besagte Wurzel, das oben erwähnte *kayu*, ausgegraben, getrocknet und in vollbepackten Kiepen auf langen Karawanen nach Tansen nahe der indischen Grenze abtransportiert wurde. Dort gab es für die Wurzeln eine ungewöhnlich hohe Bezahlung in Geld, die ein rapides Ansteigen der cash-Bezüge unter den Magar zur Folge hatte.

In noch erheblich größeren Dimensionen spielt sich der Haschischhandel ab. Cannabis wächst in manchen Tälern der Gegend in wilder Fülle. Abgesehen von einem bescheidenen Eigenbedarf, vornehmlich für medizinische Zwecke, wurde die Pflanze bis vor wenigen Jahren, bevor sich der westliche Bedarf auch in diesem abgelegenen Gebiete bemerkbar gemacht hatte, dort als Unkraut angesehen. Dem Cannabis wurde kein großes wirtschaftliches Potential zuerkannt. Inzwischen aber haben unternehmerische Spekulanten mit dem Hasch-Handel erhebliche Reichtümer erwirtschaftet, vor allem im Gebiet des Thābang-Flusses. Dort sind es vor allem Frauen, die Haschisch-Produktion und -Handel betreiben, man sagt, weil sie an den checkposts keinen Körperkontrollen unterzogen werden. Tatsächlich scheinen sie sich mit dieser Einkommensquelle eine wirtschaftliche Unabhängigkeit von den Männern zu erwerben. Derartige neuere Erwerbszweige könnten dazu beitragen, die Geldwirtschaft statt des herkömmlichen Tauschhandels zu fördern und binnen kurzem eine Umschichtung der Besitzverhältnisse zu bewirken.

Die Gesellschaftsordnung der Nördlichen Magar ist traditionellerweise von einem Heiratssystem geprägt, das in der Literatur der anthropologischen Theorie oft im Modell behandelt und als das vollkommenste für den Zusammenhalt einer kleinen Gesellschaft gepriesen worden ist: der Verallgemeinerte Tausch von Frauen, die regelmäßig wiederholte matrilaterale Kreuzkusinenheirat. In einem solchen System werden minimal und idealerweise drei Heiratsgruppen derart miteinander verbunden und zueinander verpflichtet, daß sie zusammen einen großen Kreis von Reziprozität bilden, ein, wie van Wouden schon vor den eigentlichen Strukturalisten erkannte, zirkulatives Konnubium. Die systematisch praktizierte, matrilaterale Kreuzkusinenheirat, d. h. die von allen männlichen Mitgliedern der Gesellschaft wiederholte Heirat mit der Tochter des Mutterbruders oder ihrer klassifikatorischen Stellvertreterin, verlangt logischerweise die drei Gruppen der Frauengeber, der Frauennehmer und von Ego, welch letztere von innen her betrachtet sowohl Frauengeber in der einen Richtung, als auch Frauennehmer in der anderen ist. Jede dieser drei Verwandtengruppen verheiratet ihre Töchter mit einer einzigen der beiden anderen und dies immer wieder in der gleichen Weise. Zugleich bezieht sie ihre einheiratenden Frauen stets von der dritten Gruppe, an die sie selbst keine Frauen abtritt. Auf diese Weise wird zwischen den drei Gruppen ein Zirkel von Abhängigkeiten geschaffen, der sich immer in einer Kreisrichtung schließt. Und in entgegengesetzter Richtung schließt sich dieser Kreis, wiederum auf indirekte Art, mittels der Obligationen, welche den Schwestersöhnen gegenüber ihren Mutterbrüdern zukommen, als Ausgleich dafür, daß sie von diesen ihre Frauen bezogen, die höchsten aller vorstellbaren Güter.
Dieses Heiratssystem praktizierten die Nördlichen Magar bis

dato in verhältnismäßig reiner Form, von allen ethnischen Gruppen im Himalaya wohl dem Modell am nächsten. Auch bei ihnen sind es drei Gruppen, die Frauen untereinander in einer Richtung austauschen. Dies ist in der mythischen Zeit der drei ersten Gründerclans ebenso der Fall wie in jüngerer Zeit, wo sich die Situation durch die Bildung zahlreicher lokaler Gruppen statistisch kompliziert hatte.

Die matrilaterale Kreuzkusinenheirat, die als soziologischer Entwurf eine großartige Erfindung der gesellschaftlichen Kohäsion verschiedener Verwandtengruppen sein mag, wird von ihren Ausübenden, um nicht zu sagen Opfern, mitunter als ein Zwang empfunden. Denn sie schließt die freie Wahl des Ehepartners fast vollkommen aus, sie unterbindet die Legalisierung natürlicher Zuneigung zwischen jungen Leuten unterschiedlichen Geschlechts. Und dies wurde an den Rändern des Systems im realen Leben der Magar schon seit geraumer Zeit deutlich. So war zum Beispiel eine gelegentlich zu beobachtende Heiratsform, die fälschlicherweise gern als eigenständiger Typ vorgestellt wurde, nichts weiter als die Bestätigung des vergeblichen Versuchs, den präskriptiven Zwängen der Kreuzkusinenheirat zu entkommen: die Raubheirat. Sie kommt zustande, wenn sich ein heiratsfähiges Mädchen, nicht selten unter Zustimmung ihrer Eltern, wiederholt geweigert hat, den Anträgen ihres Freiers zu folgen. Der Freier verdingt dann einige Freunde, die nachts mit ihm die Braut gewaltsam rauben. Gelingt es ihm, sie an sein eigenes Haus zu binden, so gilt der Raub als legalisiert. Dieser Raub ist aber in Wirklichkeit nur ein Pochen auf ein ohnehin im System verankertes Recht. Denn niemand anderes kann oder konnte eine Raubheirat unternehmen, als ein temporär verschmähter Kreuzvetter der obigen Kategorie.

In allerjüngster Zeit dagegen wird immer häufiger eine Heirat praktiziert, die wirklich systemfremd ist. Um sie zu benennen, bedienen sich die Magar bezeichnenderweise eines Fremdworts: die *love marriage* entspricht dem westlichen Konzept der auf Zuneigung beruhenden freien Partnerwahl. Sie wird vom nepalischen Recht geschützt und hat in den letzten fünf Jahren unter den jungen Leuten einen wahrhaften Siegeszug angetreten. Es ist wahrscheinlich, daß sie in absehbarer Zeit das zirkulative Konnubium als indirektes System des herkömmlichen Zusammenhalts der Gesellschaft gesprengt haben wird.

Sprengstoff, wenn auch in gespielter, theatralischer Form, enthält zudem ein jährlich einmal zur Aufführung gelangendes Schauspiel, die buffonische Oper der matrilateralen Kreuzkusinenheirat. Es ist dies eine nur von Frauen gespielte, meist unter dem Antrieb von Alkohol im Verlauf eines großen Festes vorgeführte Satire, die alle Themen und Stationen der Kreuzheirat aufs Kerbholz nimmt. Mit analytischen Witzen und derben Obszönitäten legt sie deren Zwangscharakter bloß und löst in kathartischer Weise für die Zeit der Aufführung die Unumgänglichkeit des Heiratssystems in Gelächter auf.

Die überkommene Kraft des Heiratssystems ist auch im Totenritual der Nördlichen Magar wirksam, vor allem im Blick auf die Beziehungen zwischen Mutterbruder und Schwesternsohn, also Frauengeber und Frauennehmer. Wenn der eine stirbt, so muß der andere in vorgeschriebener Weise dafür Sorge tragen, daß der eben Verstorbene den Übergang vom physischen zum sozialen Tod, den Übergang von einer spirituell gefährlichen Leiche zum neutralen Ahnen durch Zuwendungen der Lebenden tatsächlich zustande bringt. In diese Hilfeleistungen sind auch andere Verwandte eingespannt, vor allem die dem Toten am nächsten stehenden paternalen Verwandten.

Ein einziger Fall soll den hier angedeuteten Sachverhalt in nuce illustrieren helfen. Nachdem ein Verstorbener begraben worden ist, werden als Zeichen der Trauer und der Purifikation seine Söhne am gleichen Tage kahlgeschoren. Die Arbeit der Barbiere übernehmen die Schwesternsöhne des Verstorbenen, die zu den Geschorenen in einem Verhältnis von Frauennehmern stehen. Nach der Rasur werden die Söhne im Hause der Barbiere mit Alkohol, Schweine- oder Hammelfleisch bewirtet und mit neuen, weißen Turbanen versehen. Der gleiche Vorgang wiederholt sich 13 Tage später anläßlich einer Nachrasur der Söhne. Einzig die Barbiere gehören diesmal einer anderen Kategorie von Verwandten an. Diesmal sind es die Söhne der Mutterbrüder des Verstorbenen, denen die vormaligen Dienste seiner Schwesternsöhne zufallen. Die Söhne der Mutterbrüder aber stehen zu den Söhnen des Verstorbenen in einem Verhältnis von Frauengeber zu Frauennehmer. Mit anderen Worten: Der Dienst der Haarschur widerfährt der Ego-Gruppe, den Söhnen des Verstorbenen, von beiden Seiten, ihren eigenen Frauengebern und ihren eigenen Frauennehmern. In diesem Sinne evoziert der Totendienst die Heiratsregeln. Er wiederholt und bestätigt sie in seinem eigenen Netz von gegenseitigen Obligationen.

Der gleiche Sachverhalt und damit die penetrierende Macht der Heiratsregeln läßt sich bis in die rituellen Gewohnheiten der Schamanen hinein verfolgen. Bei den Geburtsriten eines neuen Schamanen etwa treten wiederholt Vertreter der Kategorie von Frauennehmern als vorgeschriebene Helfer für die Abwicklung der Initiation auf den Plan. Sie sind es, die den Lebensbaum auf eine Traumanweisung ihres Neophyten hin im Gebirge suchen, fällen und vor dem Dorf errichten, sie, die auf dem errichteten Lebensbaum für die Konstruktion einer Plattform verantwortlich sind, auf der die Geburt stattfinden soll, sie, die den Neophyten zur Geburt auf den Baum hieven, sie schließlich, die den Baum nach der rituellen Geburt wieder umlegen und käuflich erwerben. Die Kategorie der Frauengeber auf der anderen Seite ist im Verlauf der Schamanengeburt durch die Entrichtung eines Kaufpreises zugegen, mittels dessen der Initiant nach seiner Geburt auf dem Baum von diesem wieder heruntergeholt werden darf. Und auf die Ego-Gruppe der paternalen Verwandten entfallen fast alle Ausgaben der Bewirtung der Schamanen im Initiantenhaus und die Beschaffung der Opfertiere. In soziologischer Hinsicht sagen also Schamanismus, Heiratsregeln und Totenritual dreimal das gleiche: Sie betonen als unabdinglich für den Ablauf des gesellschaftlichen Lebens die aktive Anwesenheit dreier aufeinander bezogener Gruppen, der Frauengeber, der Frauennehmer und der Ego-Gruppe, eben jener, welche für das System der matrilateralen Kreuzkusinenheirat notwendig sind.

Dieser Fall der Verschränkung von Lebensbereichen und der sie regierenden Prinzipien ist nur einer von vielen. Tatsächlich läßt sich der Schamanismus in keinem Punkte von den übrigen geistigen und materiellen Lebensäußerungen isolieren, etwa als eine Heilpraxis, die man von der Philosophie, der Metaphysik, dem Verwandtschaftssystem, der Wirtschaft und den alltäglichen Abläufen getrost getrennt betrachten könnte. Solcherart Reduktionen haben sich frühere Autoren oftmals zuschulden kommen lassen, teils aus Mangel an ethnographischen Kenntnissen, teils aus Geringschätzung jedweder Erscheinung, die den Schamanismus nicht unmittelbar als Phänomen per se betraf. Man riß ihn schlichtweg aus dem sozialen Kontext, dessen Bestandteil er selber war, heraus, zur größeren Ehre der reinen Phänomenologie. Dabei ist er in allen Bereichen des alltäglichen Lebens spürbar gegenwärtig, allen verleiht er sein Kolorit. Der Schamanismus der Nördlichen Magar ist selbst Alltag.

Diesen Sachverhalt kann man tagtäglich an den eigenen Sinnen überprüfen, sobald man gewahr wird, daß der Schamanismus in seiner Ausübung zwischen profan und sakral nicht unterscheidet. Wenn man als Gegenprobe dazu in christlichen Ländern etwa von der lärmenden Straße aus eine Kirche betritt, so fühlt man sich sofort veranlaßt zu schweigen oder allenfalls zu flüstern, um die Stille der geheiligten Sphäre nicht zu profanieren. Nicht so bei den Magar. Im Verlauf einer schamanistischen Séance wird genauso gelärmt, gelacht, geschäkert, gegessen, geraucht, gerülpst und reichlich Alkohol genossen wie bei jeder anderen geselligen Zusammenkunft auch. Einzig zu bestimmten Augenblicken, wenn ein gefährlicher Geist in der Nähe ist, mag sich die Atmosphäre zu geballter Stille verdichten. Ansonsten fordert die Religion ihren Exegeten kein sonders geheiligtes Verhalten ab. Damit bestätigt sie sich selbst als wirklich gelebt, mit dem Profanen verbunden, eins mit den übrigen Erscheinungen der Gesellschaft. Und dies hat Konsequenzen für die Behandlung des Schamanismus als Gegenstand. Will man ihn als Zeugnis einer gelebten Praxis festhalten, so sollten seine Verschränkungen mit den restlichen Bereichen der ökonomischen und sozialen Praxis nicht ausgeklammert werden.

Der Schamanismus der Nördlichen Magar ist in dieser Hinsicht ein geeignetes Studienobjekt, zunächst einmal, weil er noch vollkommen intakt, von Außeneinflüssen noch nicht dezimiert oder planifiziert worden ist. Wie lange dies noch der Fall sein mag, ist schwer vorherzusagen. Mit Sicherheit aber wird der Bau einer Straße durchs Magarland, der für die kommenden Jahre ins Auge gefaßt ist, das Eindringen fremder Ideen und Güter beschleunigen helfen, die zum Verschwinden seines neolithischen Wissens rapide beitragen könnten. Bislang aber ist er noch nicht gefährdet. Im Gegenteil. Die Zahl seiner Ausübenden hat in den beiden letzten Generationen eher zugenommen. Und wenn man rein quantitative Vergleiche zwischen dem Blinden Land und anderen Gebieten im Himalaya anstellt, so erweist sich der Schamanismus der Nördlichen Magar als unanfechtbare Hochburg des Phänomens. In Ostnepal etwa muß ein einziger magischer Heiler, egal ob es sich um einen *lhapa* der Sherpa, einen *bompo* der Tamang, einen *puimbo* der Sunuwar, einen *mangpa* der Rai oder sonst einen *dhā̃mi* oder *jhā̃kri* handelt, mitunter drei bis vier Tage lang wandern, ehe er zum Hause seines Klienten gelangt. Die Magar haben es da leichter. In ihrem Hauptdorf allein stehen ihnen ungefähr dreißig lokale Heiler zur Verfügung. In einem ihrer Dörfer begegnete ich einmal einer Familie von sieben Mitgliedern; fünf von ihnen übten den Schamanenberuf aus!

Aber nicht nur in quantitativer Weise ist die hier vorgestellte Ausprägung des Schamanismus herausragend. Sie ist komplexer als andernorts, reichhaltiger in ihren rituellen und mythologischen Äußerungen, wichtiger für den aktuellen, gesamtgesellschaftlichen Zusammenhalt. Darüber hinaus gebührt dem Phänomen, wie es sich in der Magargesellschaft verwirklicht hat, eine ganz besondere Vorrangstellung auch deshalb, weil in ihm zahlreiche Elemente der zentral- und nordasiatischen Formen wiederkehren, wie sie aus den klassischen Berichten überliefert sind. Der Schamanismus der Nördlichen Magar ist eng verbunden mit der Großen Innerasiatischen Tradition, ein Umstand, auf den bereits Hitchcock und Watters mit Belegen hingewiesen haben. So lösen etwa die rituelle Geburt der Schamanen auf dem Baum des Lebens, die Dreiteilung der Welt in Ober-, irdische und Unterwelt, der Reichtum tierischer Hilfsgeister, die auffällige Assoziation des Schmiedeberufs mit dem des magischen Heilers und die nahezu inflationäre Verwendung der symbolischen Zahl

Neun, allesamt Erinnerungen aus an bekannte Beschreibungen aus Sibirien, China, Tibet und der Mongolei, – den als klassisch empfundenen Gebieten des Phänomens.

Aber auch auf dem begrenzteren Raum des Himalaya kommt dem Schamanismus der Nördlichen Magar für vergleichende Studien eine Schlüsselstellung zu. So dürften Einflüsse aus der Bon-Religion, wie sie im benachbarten Dolpo noch heute praktiziert wird, ebenso registriert werden, wie solche aus der »Namenlosen Religion« Tibets. Elemente eines pannepalischen Jhãnkrismus sind im Magarschamanismus ebenso nachweisbar wie Einflüsse aus der indischen Tradition. Und neben dieser nordsüdlichen Achse lädt der Magarschamanismus dazu ein, Vergleiche entlang einer ostwestlichen Achse anzustellen, die den Anstoß dazu geben könnten, die von den Fachleuten lange Zeit betonten Unterschiede zwischen den altnepalischen Bergstämmen einmal zu vergessen, zugunsten der Ähnlichkeiten in Ritual und Mythologie. Allein beim Studium der epischen Gesänge zeichnen sich bereits Gemeinsamkeiten in den schamanistischen Traditionen der Gurung, der Tamang und selbst der entfernten Rai mit denen der Magar ab. Im Ritual wird es ähnlich sein.

In den besagten Gebieten der Großen Innerasiatischen Tradition wurde indessen der schamanistischen Praxis meist aus politischen Überzeugungen heraus, revolutionären wie reaktionären gleichermaßen, schon vor etlichen Jahrzehnten der Garaus gemacht. Der Schamanismus verschwand in diesen klassischen Regionen, just als es möglich geworden wäre, ihm auf Zelluloid ein befristetes Weiterleben als Dokument zu verschaffen. Er ist folglich dort nur in schriftlicher Form, allenfalls in isolierten Abbildungen, dokumentiert worden. Unter diesem Gesichtspunkt kommen dem Film und dem Bilderbuch *Schamanen im Blinden Land* eine gewisse Nachholfunktion zu. Sie tragen dazu bei, bestimmte Seiten jener großen Tradition nun auch in Bild*folgen* illustrieren zu können. Sie helfen, das überwältigende Ungleichgewicht zwischen verbaler und visueller Beschreibung des Phänomens wenigstens um einen Grad auszubalancieren. Und da die photographischen Bilder als solche sich einer persönlichen Deutung oder Verfälschung durch den Dokumentaristen besser widersetzen können als eine Wortbeschreibung, sind sie auch eher dazu geeignet, künftig als konkrete Belege für oder wider Argumente hinzugezogen zu werden, die die Behandlung des Schamanismus unausweichlich umranken. In ihrer visuellen Evidenz treten sie auf gegen den von Abschreiber zu Abschreiber weitergereichten Unsinn bestimmter Überzeugungen.

In alten Berichten aus erster Hand vereinen sich mitunter heute befremdlich klingende Beurteilungen des schamanistischen Komplexes unmittelbar mit einer bewundernswerten Präzision der Beschreibung sinnlich wahrnehmbarer Details, nach denen man sich im wahrsten Sinne des Wortes leicht ein *Bild* machen konnte:

»Eine geübte tungusische Zauberin kam, sobald es finster geworden war, zu einem Feuer, welches man vor einem Zelt unterhielte, und ließ ihre Kleidung, Zaubertrommel und Krücken durch Jünglinge voran tragen, brachte auch eine Anzahl junger Weiber und Dirnen mit, welche ihr im Singen behülflich seyn sollten. – Ihre Kleidung, welche sie vor dem Feuer auf die bloße Haut anlegte, war beynahe den chorinzischen Zauberkleidern gleich, ein mit vielem eisernen Klappwerk und meßingenen Zierrathen behängter, lederner Rock, über welchen hinten von den Schultern eine Menge bunter Schlangen oder Schweife herunter hieng, deren einer mit einem Glöckchen versehen war. Die Mütze nur war bloß von Leder, und anstatt mit eisernen Hörnern versehen zu seyn, waren dergleichen Hörner, ingleichen eisernen Froschgestalten, auf die Schultern geheftet; Ihre Trommel hatte weit über eine Elle im Durchmesser, und mußte erst lange über dem Feuer erwärmt und gespannt werden, um den rechten fürchterlichen Ton zu bekommen. Sie nahm selbige zuerst selbst in die Hände, stellte sich an die Nordseite des Feuers, ließ das Chor von Weibsleuten vor sich in einer Reihe, alles Mannsvolk aber in einem Kreiße sitzen, und fieng darauf mit nordwärts gewandtem Antlitz an, in fürchterlicher Stimme ihre Anrufungen abzusingen. Endlich gab sie die Trommel ihrem Manne zu spielen, und fieng mit den Krücken in der einen Hand an zu springen, zu rasen, und allerley Verdrehungen zu machen, wobei sie sich durch Schlucksen, Kollern, Kukukschreyen, und andre untermischte Laute ganz wie außer sich stellte, und endlich unter beständigem Singen eine Frage vorlegen ließ, welche sie richtig genug errieth. Sie forderte darauf Branntwein und auf Verlangen, daß sie noch mehrere Fragen beantworten möchte, sagte sie, es stünden ihr nur drey Geister, jeder auf den Abend nur einmal, zu Gebot, davon einer gegen Mitternacht, einer gegen Morgen und einer gegen Abend, wohne; noch zwey Fragen wolle sie beantworten, mehr möchte man ihr nicht aufgeben. Sie fieng darauf die Beschwörungen gegen Abend an, wobei sie ihren Luftgeist *Dareldshe* nannte, und gegen den aufgegangenen Mond öfters mit der Hand über den Augen aufschaute, als ob sie etwas von fern kommen sähe. – Die dritte Frage zu beantworten, wiederholte sie nachmals ihre Zauberlieder gegen Morgen; und alle drey Fragen, welche man mit Bedacht falsch eingerichtet hatte, errieth sie sowohl, daß sich Herr *Pallas* darüber verwundern mußte, und beynahe muthmassete, sein Dolmetscher habe die Fragen vorher vermuthet, und der Hexe darüber Bescheid ertheilt. Die Tungusen rühmten von dieser Zauberin, daß sie von keinem andern Zauberer unterrichtet worden, sondern sich selbst gebildet, und als Mädchen lange in einer Art von närrischer Melancholie gelebt habe. Die Kasaken hingegen versicherten, ihr Lehrmeister sey ein am Onon wohnender alter Zauberer gewesen, dem ehemals in diesen Gegenden reisende Professoren seine Zauberkleidung abgenommen, seit welcher Zeit er sein Handwerk nicht mehr betrieben hätte.« (aus P. S. Pallas: *Merkwürdigkeiten der obischen Ostjaken, Samojeden, daurischen Tungusen, udinskischen Bergtataren nebst andern dahin gehörenden Nachrichten und Kupfern,* Frankfurt/Leipzig 1777, pp. 241-244).

Tatsächlich gingen in derlei Berichten Bild und Wortbeschreibungen bisweilen eine Symbiose ein, aus der es dann schwer war zu entscheiden, welcher Darstellungsform der Vorrang gebühre, welche von beiden für die andere Modell gestanden haben mochte, wenn es nicht, wie im Beispiel des soeben zitierten Autors, ausdrücklich vermerkt war, daß es sich bei seiner in Kupfer gestochenen Anschauungstafel um eine nachträgliche und, was die Porträts der Figuren betrifft, fingierte Kollage handelte: »Am großen Syr standen viele sagajische Jurten, und man erfuhr, daß unter selbigen ein berühmter *Kahm* oder Zauberer, Namens *Utschilai,* wohnte, welchem die Geister schon einen Fuß unbrauchbar gemacht hätten, der aber doch mit seinem hölzernen Fuß die besten Zaubersprünge zu verrichten im Stande sey. Weil man ihn nicht zu Hause fand, und Herr *Pallas* vermuthen konnte, daß er, um nicht vor ihnen zu zaubern, sich unsichtbar gemacht haben möchte, so ließ er wenigstens seine Zauberwerkzeuge bringen. Die Trommel war ungemein prächtig, hatte über eine Elle im Durchschnitt, und war mit grüner und rother Farbe, wie die auf der 6ten *Platte* mitgetheilte *Fig. A* zeigt, bemahlt. Außer derselben und dem dazu gehörigen Schlegel bestand der ganze Zauberstaat nur in der Mütze, welche eben diese Figur vorstellt, und welche von rothem Tuch, mit Fuchsfell bebrämt, mit Schlangenköpfen besetzt, und oben mit einem Busch Eulenfedern, am Rande aber mit allerley Streifen Zeug, Hermelinfellen und dergl. geziert war. Denn übrigens behalten die sagajischen Zauberer bey ihrem Possenspiel die gewöhnlichen Kleider an. Zur Vergleichung aber hat Herr *Pallas* auf eben der Platte einen kamaschinzischen Zauberer in seinem mit Eisenwerk behängten Rock und gehörnten Kasket vorstellen lassen, wie er diesen Anzug nachmals in Krasnojarsc zu sehn Gelegenheit gehabt hat (*Fig. B* und *C.*).« (ebenda: pp. 244-245).

Gleichzeitig rangiert die Darstellung von Pallas qualitativ und zeitlich ziemlich weit vorn in der Geschichte der bildlichen Wiedergabe schamanistischer Sujets. Und da dies ein Bilderbuch ist, möchte ich mich mit ein paar weiteren illustren Bildern aus dieser Ahnenreihe, – in Erinnerung an die meist ungenannten Künstler von Scheffer, Witsen, Messerschmidt, von Strahlenberg, Georgi und manchen anderen –, dem Leser bis zum nächsten Buche empfehlen...

M. O. Kathmandu/Februar 1981

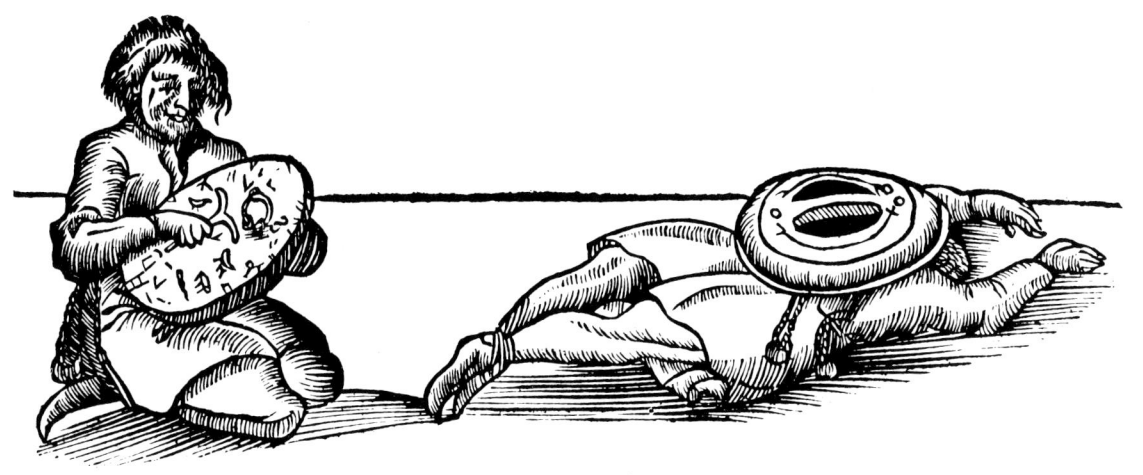

1673. SCHEFFER *Magicus Sacer der Lappen*

1705. WITSEN *Tanz eines tungusischen Schamanen mit Hirschgeweih*

een Schaman ofte Duyvel-priester. in 't Tungoesen Lant

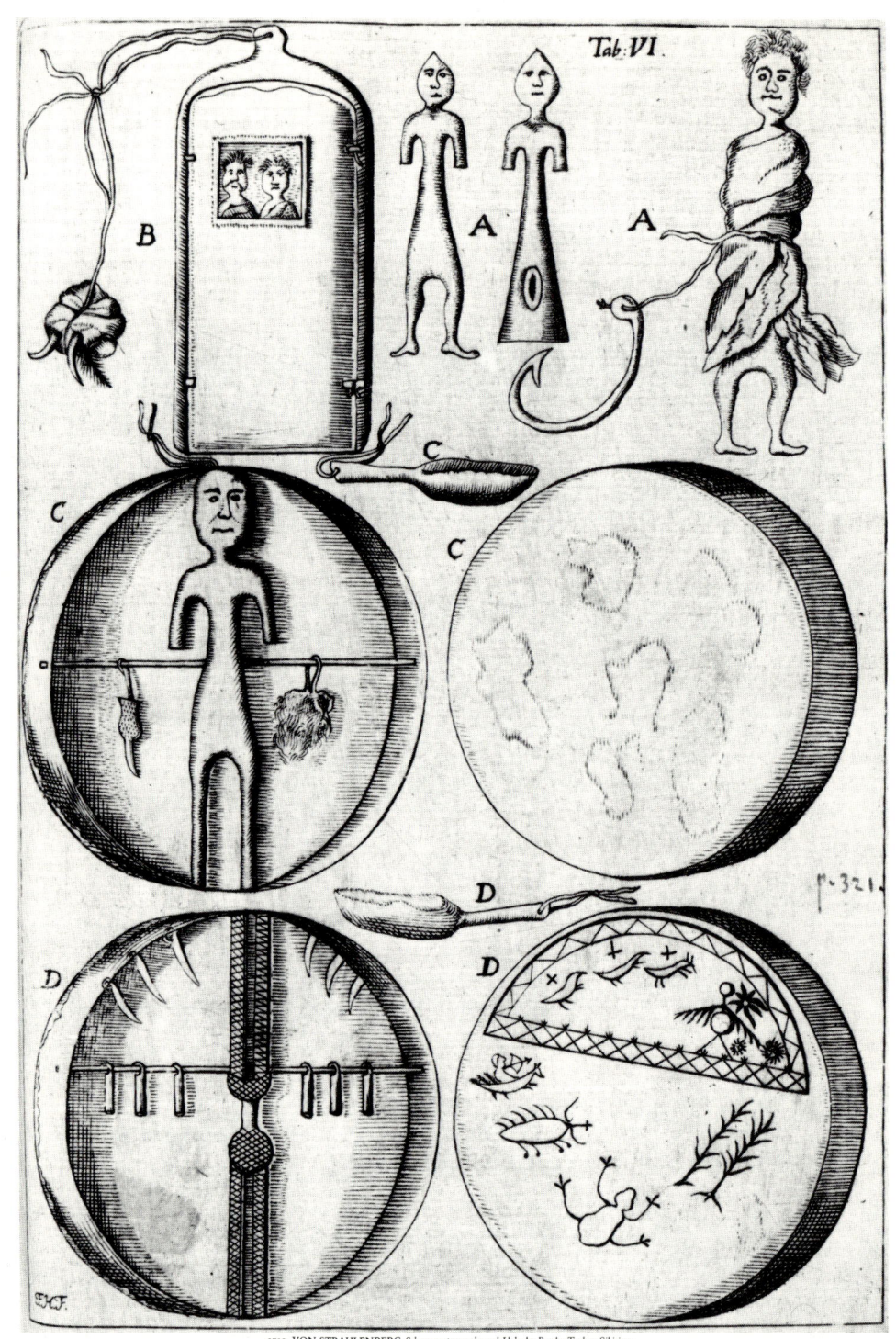

1730. VON STRAHLENBERG *Schamanentrommeln und Idole der Baraba-Turken Sibiriens*

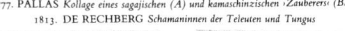

1777. PALLAS *Kollage eines sagajischen (A) und kamaschinzischen ›Zauberers‹ (B/C)*
1813. DE RECHBERG *Schamaninnen der Teleuten und Tungus*

277

1801. SARYTSCHEW ›Ein jakutischer Schamane beschwört seine Geister zur Heilung eines Kranken‹ (Schamanin?)
ca. 1880. PILSUDSKI ›Ainu-Schamane in der Hütte, Sachalin‹

1882. TOUMANOFF *Burjätischer und orotchonischer Schamane im Fotoatelier*
ca 1890. ANONYM *Studio-Schamane der Golden*

279

ca 1910. EMMONS *Schamane der Tsimshian-Indianer bei der Heilung eines Jungen*
1978. OPPITZ *Parsad beim Abhören eines seiner schamanistischen Gesänge*

Bibliographie zum Schamanismus im Himalaya

ALLEN, N.
- 1974 Approaches to Illness in the Nepalese Hills, in: *ASA-Monographs 13*, London.
- 1974 The Ritual Journey, a Pattern Underlying Certain Nepalese Rituals, in: FÜRER-HAIMENDORF (Hg.), *Contributions to the Anthropology of Nepal*, London.
- 1976 Shamanism Among the Thulung Rai, in: HITCHCOCK/JONES (Hg.), *Spirit Possession in the Nepal Himalayas*, Warminster.

BERGLIE, P. A.
- 1976 Preliminary Remarks on Some Tibetan »Spirit Mediums« in Nepal, in: *Kailash*, IV, 1.

BERREMAN, G.,
- 1964 Brahmins and Shamans in Pahari Religion, in: HARPER, E. B.: *Religion in South Asia*, Seattle.

CAMPBELL, J. G.
- 1972 The Tibeto-Siberian and Indic Shamanic Traditions in the Syncretic Religious Systems of Nepal, typoscript, Kirtipur.
- 1975/6 Approaches to the Study of Shamanism, in: *Wiener völkerkundliche Mitteilungen*, XXII-XXIII, Wien.
- 1976 Review of HITCHCOCK/JONES, in: *Contributions to Nepalese Studies*, vol. 3, No 2, Kirtipur.
- 1978 *Consultations with Himalayan Gods*. A study of oracular religion and alternative values in Hindu Jumla, Ph. D. thesis, Columbia University, New York.

EKVALL, R. B.
- 1964 *Religious Observances in Tibet*, Chicago, Kap.: Prebuddhist Beliefs and Practices.

FOURNIER, A.
- 1973 Note préliminaire sur le »puimbo« et le »ngiami«, les chamanes Sunuwar de Sabra, in: *ASEMI* 4, englisch in HITCHCOCK/JONES.
- 1977 Note préliminaire sur le poembo de Suri, in: *L'Ethnographie*, 74-75, numéro special.
- 1978 The role of the Sunuwar priest in his society, in: FISHER, J. (Hg.): *Himalayan Anthropology*, Den Haag.

FRANK, W.
- n. d. A Full-Moon Festival of the Tamang, typoscript, Kirtipur.

FUNKE, F. W.
- 1969 *Religiöses Leben der Sherpa*, Innsbruck/München, Kap.: Sherpa-Schamanen.
- 1978 *Die Sherpa und ihre Nachbarvölker im Himalaja*, Frankfurt, Kap.: Die Praktiken der Minung-Schamanen.

GABORIEAU, M.
- 1969 Note préliminaire sur le dieu Maṣṭa, in: *Objets et Mondes*, 9, englisch in HITCHCOCK/JONES.
- 1975 Les Bayu du Népal Central, in: *Purusartha* 1.
- 1975 La Transe rituelle dans l'Himalaya Central: Folie, Avatar, Meditation, in: *Purusartha* 2.

GLOVER, J.
- 1972 The Role of the Witch in Gurung Society, in: *The Eastern Anthropologist*, XXV, No 3.

GREENBERG, G. M.
- n. d. A Note on Dhami-Jhankri, typoscript, Kirtipur.
- 1974 *On Healing in Nepal*, Buffalo, master's project.

HEISSIG, W.
- 1953 A Mongolian Source to the Lamaist Suppression of Shamanism in the 17th Century, in: *Anthropos*, 48, 2 parts.

HERRMANNS, M.
- 1970 *Schamanen, Pseudoschamanen, Erlöser und Heilbringer*, 3 Bd., Wiesbaden.

HITCHCOCK, J.
- 1967 A Nepalese Shamanism and the Classical Inner Asian Tradition, in: *History of Religions*, VII, No. 2.
- 1974 A Shaman's Song and Some Implications for Himalayan Research, in: FÜRER-HAIMENDORF (Hg.), *Contributions to the Anthropology of Nepal*, Warminster.

- 1974 A Nepali Shaman's Performance as Theatre, in: *Artscanada*.
- 1976 HITCHCOCK/JONES (Hg.): *Spirit Possession in the Nepal Himalayas,* London/Warminster, Introduction.
- 1976 Aspects of Bhujel Shamanism, in: HITCHCOCK/JONES.

HÖFER, A.
- 1971 Some Non-Buddhist Elements in Tamang Religion, in: *Vasudha* 4.
- 1973 Ghost Exorcism Among the Brahmans of Central Nepal, with B. SHRESTA, in: *Central Asiatic Journal,* XVII, No 1.
- 1974 A Note on Possession in South Asia, in: FÜRER-HAIMENDORF (Hg.), *Contributions to the Anthropology of Nepal,* Warminster.
- 1974 Is the »bombo« an ecstatic? Some Ritual Techniques of Tamang Shamanism, in: FÜRER-HAIMENDORF (Hg.), *Contributions to the Anthropology of Nepal,* Warminster.
- 1975 Urgyen Pema und Tüsur Bon. Eine Padmasambhava-Legende der Tamang, Nepal, in: BERGER, H. (Hg.), *Mündliche Überlieferungen in Südasien.* 5 Beiträge, Wiesbaden.

HOFFMANN, H.
- 1950 *Quellen zur Geschichte der tibetischen Bon-Religion,* Wiesbaden.
- 1956 *Die Religionen Tibets,* Freiburg.
- 1967 *Symbolik der tibetischen Religionen und des Schamanismus,* Stuttgart.

HOLMBERG, D. H.
- 1980 *Lama, Shaman and Lambu in Tamang Religious Practice,* Ph. D. thesis, Cornell, Ithaca.

JEST, C.
- 1975 *Dolpo. Communautés de langue tibétaine du Népal,* Paris
- 1976 Encounters with Intercessors in Nepal, in: HITCHCOCK/JONES (Hg.), *Spirit Possession in the Nepal Himalayas.*

JONES, R.
- 1968 Shamanism in South Asia: A Preliminary Survey, in: *History of Religion,* S. 330-47.
- 1974 Religious Symbolism in Limbu Death-by-Violence, in: *Omega,* vol 5, No 3.
- 1976 Spirit Possession and Society in Nepal, in: HITCHCOCK/JONES (Hg.), *Spirit Possession in the Nepal Himalayas.*
- 1976 Limbu Spirit Possession and Shamanism, in: ibid.

KAWAKITA, J.
- 1974 *The Hill Magars and Their Neighbours,* Tokio, Kap.: Religion Past and Present.

KURZ-JONES, S.
- 1976 Limbu Spirit Possession: A Case Study, in: HITCHCOCK/JONES (Hg.), *Spirit Possession in the Nepal Himalayas.*

LAUFER, B.
- 1914 Bird Divination Among the Tibetans, in: *T'oung Pao,* 15.

LESSING, F. D.
- 1951 Calling the Soul: A Lamaist Ritual, in: *Publications in Semitic Philology,* XI, Berkeley.
- 1976 Nachdruck: LESSING, *Ritual and Symbol,* Taipeh.

MACDONALD, A. W.
- 1962 Notes Préliminaires sur quelques jhãnkri du Muglan, in: *Journal Asiatique,* englisch in: HITCHCOCK/JONES.
- 1966 Le Népal, in: *Le monde du sorcier,* Paris.
- 1968 La Sorcellerie dans le code Népalais de 1853, in: *l'Homme,* VIII, englisch in: HITCHCOCK/JONES.

MACFARLANE, A.
- 1981 Death, Disease and Curing in a Himalayan Village, in: C. VON FÜRER-HAIMENDORF (Hg.), *Asian Highland Societies.*

MESSERSCHMIDT, D.
- 1976 Ethnographic Observations of Gurung Šamanism in Lamjung District, in: HITCHCOCK/JONES.

MICHL, W.
- 1974 Shamanism among the Chantel of the Dhaulagiri Zone, in: FÜRER-HAIMENDORF (Hg.), *Contributions to the Anthropology of Nepal.*
- 1976 Notes on the jhãnkri of the Āth Hajār Parbat/Dhāulagiri Himāl, in: HITCHCOCK/JONES.

MILLER, C. J.
- 1977 *Jhankris and Jatras,* An Investigation of Traditional Healers in Dolakha District, Ph. D. thesis, Kirtipur.
- 1979 idem, Kathmandu, *Faith Healers in the Himalayas.*

NEBESKY-WOIJKOWITZ, R. DE
- 1952 Tibetan Drum Divination »Ngamo«, in: *Ethnos*.
- 1956 *Oracles and Demons of Tibet*, s'Gravenhage.

NOELLE, W.
- 1952 Schamanistische Vorstellungen im Schaktismus, in: *Jahrbuch des Museums für Völkerkunde in Leipzig*, 11.

OKADA, F. E.
- 1976 Notes on Two Shaman Curers in Kathmandu, in: *Contributions to Nepalese Studies*, vol. 3, special issue.

PAUL, R.
- 1976 Some Observations on Sherpa Shamanism, in: HITCHCOCK/JONES: *Spirit Possession in the Nepal Himalayas*.

PETER, PRINCE OF GREECE AND DENMARK
- 1961 The Trances of a Tibetan Oracle, in: *Folklore*, 3.
- 1978 Tibetan Oracles, in: FISHER, J. (Hg.), *Himalayan Anthropology*, Den Haag.

PETERS, L.
- 1978 *Shamanism Among the Tamang of Nepal: Folk Curing and Psychotherapy*, Ph. D. thesis, University of California, Los Angeles, University Microfilms International, Ann Arbor.
- 1979 Shamanism and Medicine in Developing Nepal, in: *Contributions to Nepalese Studies*, VI, No 2.

PIGNÈDE, B.
- 1966 *Les Gurungs, une population himalayenne du Népal*, Paris, Kap.: XIII-XVII La Religion.

REINHARD, J. G.
- 1973 *Deskriptive Analyse von Schamanismus und Hexerei bei den Purbia Raji Südwest-Nepals*, Inaugural-Dissertation, Wien, Typoscript.
- 1976 Shamanism and Spirit Possession: The Definition Problem, in: HITCHCOCK/JONES.
- 1976 Shamanism among the Raji of South West Nepal, in: HITCHCOCK/JONES.

ROCK, J.
- 1959 Contributions to the Shamanism of the Tibetan-Chinese Borderland, in: *Anthropos*, Bd. 54.

RUTKE, J. E.
- 1973 Four Shamanistic Expressions of Himalayan Cultural Continuity, *the 9th International Congres of Anthropology*, Chicago, typoscript.

SAGANT, P.
- 1976 Becoming a Limbu Priest: Ethnographic Notes, in: HITCHCOCK/JONES (Hg.), *Spirit Possession in the Nepal Himalayas*.
- 1977 Le chamane assoupi, in: *Asie du Sud, Traditions et Changements*, VIth European Conference of Modern South Asian Studies, M. GABORIEAU/A. THORNER (Hg.).

SCHMID, T.
- 1967 Shamanistic Practices in Northern Nepal, in: C. EDSMAN (Hg.), *Studies in Shamanism*, Stockholm.

SCHÜTTLER, G.
- 1971 *Die letzten tibetischen Orakelpriester*, Wiesbaden.

SIIGER, H.
- 1967 *The Lepchas*. Culture and Religion of a Himalayan People, part I, Copenhagen, Kap.: Priests and Priestesses.

STABLEIN, W.
- 1976 Mahākāla, the Neo-Shaman: Master of the Ritual, in: HITCHCOCK/JONES.

STONE, L.
- 1976 Concepts of Illness and Curing in a Central Nepal Village, in: *Contributions to Nepalese Studies*, vol. 3, special issue.
- 1977 *Illness, Hierarchy and Food Symbolism in Hindu Nepal*, Ph.D. thesis, Brown University, Washington State.

TENZIN NAMDAK
- 1972 *Sources for a History of Bon*, Himalchal Pradesh.

TUCCI, G./HEISSIG, W.
- 1970 *Die Religionen Tibets und der Mongolei*, Stuttgart.

WATTERS, D.
- 1975 Siberian Shamanistic Traditions Amongst the Kham Magar of Nepal, in: *Contributions to Nepalese Studies*, vol. 2, No 1.

WEISBECKER, P.
- 1978 *Le Bonpo Tamang*. Une forme de chamanisme himalayen, Thèse de doctorat en médecine, Nancy.

WINKLER, W. F.
- 1976 Spirit Possession in Far Western Nepal, in: HITCHCOCK/JONES.

Filmographie
zum Schamanismus im Himalaya

HITCHCOCK, J. & P.
- 1966 *Himalayan Shaman of Northern Nepal*
  15 min., Farbe, Ton, 16 mm, International Film Bureau, Chicago/London.
- 1966 *Himalayan Shaman of Southern Nepal*
  14 min., Farbe, Ton, 16 mm, International Film Bureau, Chicago/London.

JEST, C.
- 1968 *Fête des ancétres chez les Thakali*
  13 min. Ton, Farbe, 16 mm, Centre National de Recherche Scientifique, Paris.

REINHARD, J.
- 1976 *Raji (Nepal) – Divination and Magical Treatment of an Illness*
  $8^{1}/_{2}$ min., schwarzweiß, stumm, 16 mm, produziert: 1968/69, Institut für wissenschaftlichen Film, Göttingen, E 2197.
- 1976 *Raji (Nepal) – Shaman Initiation*
  $9^{1}/_{2}$ min., schwarzweiß, stumm, mit separatem Tonband, 16 mm, produziert: 1968/69, Institut für wissenschaftlichen Film, Göttingen, E 2198.

FÜRER-HAIMENDORF, C. VON
- 1976 *Trading Societies of Western Nepal*
  56 min., Farbe, asynchroner Ton, 16 mm, gedreht: 1972, School of Oriental and African Studies, London.

OPPITZ, M.
- 1977 *Ein Schamanenfest der Tamang: Rituelle Reise zu einem Schrein des Padmasambhava in Rikeswor, Nepal*
  60 min., schwarzweiß, Video, im Besitz des Autors.
- 1977 *Ruf des Ahnengeists: Eine Zeremonie der Tamang bompo*
  12 min., Farbe, Ton, ungeschnitten, 16 mm, im Besitz des Autors.
- 1980 *Schamanen im Blinden Land*
  224 min., Farbe Color-Negativ, Chemtone, Originalton, 16 mm, gedreht: 1978/79 unter Mitarbeit von: J. Jeshel, R. Palla (Kamera), B. Becker (Ton), C. Bosanquet (Ethnographie), H. Vietzke (Schnitt), Rana Prasad Magar, Vishnu Gurung, Lal Muni Magar, Ram Kumar Magar, Anumpa Rai, Dharma Raj Shrestha, Yönden Lama (Assistenz), W. Dütsch (Redaktion), W. Schulz-Keil (Produktion), WSK-Productions 5, Carmine St., New York, N. Y. 10014 und WDR, Köln.

Bildnachweis

Barbara Becker: pp. 9 19 23 25 29 39 41 43 45 61 95 97
Rudi Palla: pp. 17*, 21*, 47, 89, 189, 199a*/b*, 209
Jörg Jeshel: pp. TU, 99*, 105*, 107*, 123*, 235*;
Charlotte Bosanquet: pp. 87, 147, 205, 213, 227;

Die mit * gekennzeichneten Abbildungen stammen direkt vom Film.
Alle übrigen Fotos sind vom Verfasser ausgelöst.

Die historischen Abbildungen zur visuellen Geschichte des Schamanismus entstammen nachfolgenden Quellen:

Seite 275:
- 1673 SCHEFFER, J. *Magicus sacer der Lappen*, Holzschnitt, Originalformat, aus: *Lapponia*, p. 139, Frankfurt
- 1705 WITSEN, N. *Tanz eines tungusischen Schamanen mit Hirschgeweih*, Kupferstich, Originalformat, aus: *Noord en Oost Tartarye*, p. 663, Amsterdam

Seite 276:
- 1730 VON STRAHLENBERG, PH. *Schamanentrommeln und Idole der Baraba-Türken Sibiriens*, Zeichnung in Kupfer gestochen, aus: *Das Nord- und Östliche Theil von Europa und Asia*, Tab. VI, Anhang, Stockholm

Seite 277:
- 1777 PALLAS, P. S. *Kollage eines sagajischen (A) und eines kamaschinzischen ›Zauberers‹ (B/C)*, Kupferstich, Originalformat, aus: *Merkwürdigkeiten der obischen Ostjaken, Samojeden, daurischen Tungusen, udinskischen Bergtataren nebst andern dahin gehörenden Nachrichten und Kupfern*, p. 244, Frankfurt/Leipzig
- 1813 DE RECHBERG, C. *Schamaninnen der Teleuten und Tungus*, Gravuren von SKOTNIKOFF und GROSS nach Zeichnungen von KORNEJEV, aus: *Les Peuples de la Russie*, II, Paris

Seite 278:
- 1805 SARYTSCHEW, G. *›Ein jakutischer Schamane beschwört seine Geister zur Heilung eines Kranken‹ (Schamanin?)*, Gravur aus: *Achtjährige Reise im nordöstlichen Sibirien*, Leipzig, Plattenkopie des Rautenstrauch-Joest-Museums, Köln
- ca 1880 PILSUDSKI, P. (?) *›Ainu-Schamane in der Hütte, Sachalin‹*, Platten-Photographie, im Jahre 1912 vom Rautenstrauch-Joest-Museum, Köln, von P. Pilsudski, Kužnice, Galizien käuflich erworben

Seite 279:
- 1882 TOUMANOFF *Burjätischer Schamane aus Transbaikal und orotchonischer Schamane aus Ostsibirien im Fotoatelier*, Plattenphotographien, Musée de l'Homme, Paris, Photothèque
- ca 1890 ANONYM *Studio-Schamane der Golden*, Photographie, Museum für Völkerkunde, Berlin

Seite 280:
- ca 1910 EMMONS, G. T. *Schamane der Tsmishian-Indianer aus Kitwanga bei der Heilung eines Jungen*, Photographie, Provincial Museum of B. C., Victoria, Ethnology Division
- 1978 OPPITZ, M. *Parsad beim Abhören eines seiner schamanistischen Gesänge*, Photo: Becker

Die Bildunterschriften, sofern nicht durch › . . .‹ gekennzeichnet, stammen vom Verfasser.